HERBERT SCHWARZWÄLDER · Sehenswürdigkeiten in Bremen

S.STEFFANS.KIRCHEN
S STEFFANS·DOR
DENA T_EN.DAT.SCH ARIS.DOR
.S.SCH ARIS

HERBERT SCHWARZWÄLDER

SEHENSWÜRDIGKEITEN IN BREMEN
einst und jetzt

VERLAG CARL SCHÜNEMANN · BREMEN

2. Auflage 1993

Gesamtherstellung: Girzig+Gottschalk, Bremen
Umschlaggestaltung: effektiv werbung gmbh,
Hans Eisermann, Stuhr b. Bremen
Printed in Germany – 1993
ISBN 3-7961-1807-0

Inhaltsverzeichnis

Sehenswürdigkeit oder nicht? – Das ist oft die Frage

Das Thema dieses Buches macht den kritischen Leser stutzig: Er wird sagen, daß man darüber streiten kann, ob ein Objekt eine Sehenswürdigkeit ist oder nicht. Der eine steht bewundernd vor einem Kunstwerk, der andere sieht es gar nicht erst an; der eine wendet seine Aufmerksamkeit einer Werft oder sogar deren Resten, einem bemalten ehemaligen Luftschutzbunker oder auch der inzwischen völlig veränderten Örtlichkeit eines ehemaligen Konzentrationslagers zu, der andere will hier die Bezeichnung „Sehenswürdigkeit" nicht gelten lassen. Unterschiedliche Blickrichtungen ergeben sich aus der unterschiedlichen Persönlichkeit des Betrachters.

Doch ganz unabhängig von Geschmacksfragen werden vor allem jene Objekte als Sehenswürdigkeiten empfunden, die für den Ort kennzeichnend sind und zu seinem unverwechselbaren Charakter beitragen. Niemand wird auf den Gedanken kommen, Siedlungen des genormten sozialen Wohnungsbaus, eine Betonuniversität oder auch Granitblöcke und Schrotthaufen, die zu Kunstdenkmälern erklärt wurden, als Sehenswürdigkeiten zu würdigen, solange sie in fast jeder „modernen" Stadt zu sehen sind; doch haben sie eine Chance zu einer – vielleicht sogar abschreckenden! – Sehenswürdigkeit zu werden, wenn sie in allen anderen Städten beseitigt oder verfallen und nur noch in Bremen übriggeblieben sind.

Wenn wir uns fragen, was in Bremen eine historische Sehenswürdigkeit war oder ist, so fällt die Antwort etwas leichter: Es sind alle jene Objekte, die in der Vergangenheit für Sehenswürdigkeiten gehalten wurden oder bis heute an wichtige Ereignisse oder Zustände der Bremer Vergangenheit erinnern. Dabei bleibt aber immer noch die Frage nach dem historischen „Gewicht", und bei der Antwort kommen wiederum persönliche Einschätzungen ins Spiel. Man möge dem Verfasser nachsehen, wenn er sich in diesem Punkt ein begrenztes Maß an Voreingenommenheit gestattet. Man möge ihm glauben, daß er es sich bei der Auswahl nicht leicht gemacht und zahlreiche alte und neue Reisebeschreibungen, Reise- und Stadtführer durchgesehen hat. Er hat dabei auch bedacht, daß die gesamte Reiseliteratur des 16. bis 18. Jahrhunderts von und für die adlige und bürgerliche Oberschicht geschrieben wurde, eine Tatsache, die einen erheblichen Einfluß auf die Auswahl der erwähnten Sehenswürdigkeiten ausübte. Zwar reisten auch früher viele „Kleine Leute", etwa als Handwerker, Soldaten, Vaganten usw., doch nicht um Sehenswürdigkeiten zu betrachten; vor allem aber zeichneten sie die Beobachtungen auf ihren „Reisen" nicht auf. Heute haben wir den Massentourismus, dem von den Reiseführern ein ganz anderer Kanon von Sehenswürdigkeiten präsentiert wird als den Bildungsreisenden des 16. bis 19. Jahrhunderts.

Häufig kam es vor, daß „Sehenswürdigkeiten" erst „entdeckt" wurden, nachdem sie bereits lange Zeit, oft seit Jahrhunderten, bestanden hatten, so etwa der heutige Schnoor, der früher eine „normale", dann etwas heruntergekommene Straße des Kleinbürgertums gewesen war. Andererseits verschwanden einige Sehenswürdigkeiten aus der Liste, weil sie entweder selbst beseitigt wurden oder aber das Interesse sich von ihnen abwandte. Als Regel kann man sagen, daß die Sehenswürdigkeiten zunächst auf die Altstadt mit dem Marktplatz als unbestrittenem Mittelpunkt beschränkt waren. Auffällig ist aber auch die häufige Erwähnung sozialer Einrichtungen, auf die die Bürger offenbar besonders stolz waren. Ebenso erstaunlich ist es, daß die Schlachte, der Haupthafen Bremens, kaum Beachtung fand. Im 17. Jahrhundert kam die Neustadt als Gesamtanlage hinzu, seit dem Ende des 18. Jahrhunderts wuchs das Interesse an romantischen Landschaften der Umgebung, in denen sich nun auch zahlreiche Gastwirtschaften und Sommerhäuser der bürgerlichen Oberschicht einrichteten, so in Oberneuland und auf der Lesumer Geest. Seit der Mitte des 19. Jahrhunderts, als sich das Bildungsinteresse verbreiterte, kamen Museen, Bibliotheken, Theater, Klubhäuser usw. in den Katalog der Sehenswürdigkeiten. Technisch-wirtschaftliche Einrichtungen, die vorher – außer dem viel bewunderten Wasserrad – kaum beachtet wurden, gewannen am Ende des 19. Jahrhunderts oft den Rang von Sehenswürdigkeiten: Brükken, der Bahnhof, die Hafenanlagen, die Wasserkunst usw. Am Ende des 19. Jahrhunderts änderte sich der Kanon der Sehenswürdigkeiten ohnehin ganz erheblich: Der Kern um den Marktplatz blieb bestehen; doch fanden sich nun zahlreiche neue Sehenswürdigkeiten: Denkmäler, Museen, neue Verwaltungs- und Amtsgebäude, Vergnügungsetablissements usw. Auffallend ist, daß nun auch die Vorstädte vertreten sind mit dem (neuen) Haus Seefahrt, dem Bahnhof, Übersee-Museum, Stadtbibliothek, Casino, Centralhallen, Weserlust, Weserwehr, Bürgerpark usw. Schellers Stadtführer zeigt, daß einigen neuen Sehenswürdigkeiten ein sehr hoher Rang zugewiesen wurde: so dem Bürgerpark, den Hafenanlagen und dem Norddeutschen Lloyd mit seinem monumentalen Verwaltungsgebäude und seiner großen Handelsflotte.

Bremen verlor am Ende des 19. Jahrhunderts durch sein rasches Wachstum einige alte Sehenswürdigkeiten, doch kam manches Prägende hinzu. Große, nicht kompensierbare Verluste verursachten die Bomben des Zweiten Weltkrieges. Dennoch wurde manches geschmackvoll restauriert; anderes aber mußte aus Profitgründen erbärmlicher Durchschnittsarchitektur weichen, wie es sie in jeder größeren Stadt gibt. Bremens Stadtbild wird Jahr für Jahr ärmer. Die Einschätzung der Sehenswürdigkeiten ergibt sich in den Reiseführern aus der Länge der Texte, aus lobenden Worten und im „Baedeker" aus der Kennzeichnung mit Sternchen. Ein Sternchen erhielten 1974: Das Rathaus, das Schnoorviertel, die Kunsthalle, das Übersee-Museum und das Focke-Museum; zwei Sternchen bekam die Böttcherstraße. Ohne Stern blieben etwa der Roland, der Dom, die Häfen, der Bürgerpark, ganz zu schweigen vom Flughafen und der Universität.

Auch in anderer Weise zeigt sich, was man in Bremen als Sehenswürdigkeit einschätzte: durch Abbildungen in Illustrationswerken des 19. Jahrhunderts wie Bildmappen und -alben, Erinnerungsblättern, Bildleporellos, Ansichtenfotos und schließlich auch Ansichtskarten. Von dieser Überlieferung profitiert auch das vorliegende Buch.

Sehenswürdigkeiten haben eine Besonderheit: Sie werden oft und immer wieder abgebildet, wobei zudem bestimmte Blickrichtungen bevorzugt werden. Im vorliegenden Buch werden im Falle einer Auswahlmöglichkeit seltene oder bisher gar nicht veröffentlichte Bilder vorgezogen, so daß auch der Kenner hier und da auf Unbekanntes stoßen dürfte.

Der Marktplatz

Der Marktplatz war Jahrhunderte hindurch das Herz der Stadt. Die erste urkundliche Überlieferung des Marktbetriebes 888 setzt bereits einen Platz voraus, auf dem der Handel stattfand: Das war zunächst ein Gelände vor dem Westportal des Doms, auf dem eine Kapelle St. Veit, die spätere Liebfrauenkirche, stand. Der heutige Marktplatz war abschüssiges Dünengelände, das zur Balge, einem schiffbaren Nebenarm der Weser, sehr stark abfiel. Um 1400 erfolgte eine grundlegende Umgestaltung: Der Südteil dieses Platzes wurde aufgeschüttet und durch Holz und Flechtwerk abgestützt; diese Stützfunktion übernahm

Blick auf den Bremer Marktplatz nach Westen mit der Marktmauer, dem Pranger (Kaak) und Roland. Das Rathaus stellt sich in seiner gotischen Urfassung dar; im Hintergrund sieht man den Turm von St. Ansgarii. Für das Mißverhältnis in der Größe von Rathaus und Schütting gibt es keine sichere Erklärung. Kupferstich von Wilhelm Dilich, 1603

später eine Hausreihe, u. a. das Haus des Hermann Hemeling, das nach 1444 zum „Schütting" wurde. Im Nordteil entstand 1405/07 das (neue) Rathaus; zur Neuausstattung des Marktplatzes gehörte auch der Roland. Im Osten und Westen folgte eine Begrenzung durch Reihen von Giebelhäusern. Damit war der Rahmen gegeben, der Jahrhunderte hindurch Bestand hatte; Veränderungen betrafen Einzelheiten: Die Häuser, auch Rathaus und Schütting, wurden dem jeweiligen Zeitgeschmack angepaßt; Jahrhunderte hindurch (bis 1813) war der Innenraum des Platzes von einer Mauer umgeben, in deren Südostecke bis 1786 ein pavillon-ähnlicher Pranger eingebaut war. Der Marktplatz war früher Mittelpunkt kommunalen und wirtschaftlichen Lebens, von dem sich heute nur noch kümmerliche Reste – gelegentliche Demonstrationen, Weihnachts- und Ostermarkt sowie vereinzelte Verkaufsstände – erhalten haben. Immerhin: Am Rande stehen wichtige Gebäude: das Rathaus als Amtssitz des Senats, das Haus der Bürgerschaft, der Schütting als Gebäude der Handelskammer sowie eine Bank, eine Sparkassenfiliale, eine attraktive Gaststätte und kleinere Verkaufsgeschäfte. Sicher gehört der Bremer Marktplatz auch heute noch trotz mancher störender Veränderung, zu den schönsten deutschen Plätzen und ist ebenso gewiß als Ensemble die größte Sehenswürdigkeit Bremens.

Der Marktplatz war bis 1913 Mittelpunkt des Freimarkts; hier standen vor allem Verkaufsbuden. Ansichtskarte von 1903

Blick auf den Marktplatz nach Westen mit dem Schütting, Giebelhäusern und Rathaus. Foto 1990

Das alte und das neue Rathaus

Zum Marktplatz einer Stadt gehörte seit eh und je ein Rathaus, ein Gebäude, in dem der Rat (später in Bremen „Senat" genannt) amtierte. Das heutige „alte Rathaus" entstand in seinem Kern erst 1405/07, nachdem der Vorgänger an der Obernstraße zwischen Sögestraße und Liebfrauenkirchhof aufgegeben worden war. Das neue Gebäude enthielt eine obere und eine untere Halle, an die nach 1545 ein schmales Gebäude mit Amtszimmern angefügt wurde. Daran änderte sich auch nichts, als die Fassade 1609/12 im Stil der Weserrenaissance umgebaut wurde. Vor allem die Obere Halle enthält einige bedeutende Sehenswürdigkeiten, die sich größtenteils bis heute erhalten haben: zwei große Fresken (Karl der Große und Willehad sowie das Salomonische Urteil), die an der Außenwand reich geschnitzte und innen im Jugendstil nach Entwürfen von Heinrich Vogeler ausgestaltete Güldenkammer, alte Schiffsmodelle mit Salutkanonen, die 1846/48 angefertigte und 1860 aufgestellte Marmorstatue des Bürgermeisters Johann Smidt von Carl Steinhäuser, die heute in der Oberen Wandelhalle des Neuen Rathauses steht, und das vom Architekten Johann Georg Poppe entworfene neubarocke Ratsgestühl von 1901-1904, das 1954 größtenteils abgetragen wurde. Eine wesentliche Vergrößerung ergab sich, als das ehemalige erzbischöfliche Palatium 1816/19 zum Stadthaus umgebaut, dieses dann 1909 abgerissen und bis 1913 durch das „Neue Rathaus" ersetzt wurde. Es ist in Teilen ein unverfälschtes Schmuckstück vornehmer Jugendstilarchitektur, das der Münchener Architekt Gabriel von Seidl entwarf, und als solches viel zuwenig beachtet wird. Das Rathaus von 1405/07 hatte einen Keller, „wo der Rat durch einen besonders dazu bestellten Verwalter um ein billiges jedermann den Wein verkaufen und ausschenken" ließ. Er gehörte von Anfang an zu den wichtigsten Sehenswürdigkeiten der Stadt. Heute bietet der vielgestaltige und oft veränderte Ratskeller zwar durch seine Gewölbe, die Ausmalungen durch Max Slevogt (1927) und Karl Dannemann (1926, 1930 nach einem Brand erneuert), die gründerzeitlich gestalteten Nebenräume und die prächtigen Barockfässer einen stimmungsvollen Rahmen für eine gehobene Gastronomie, jedoch kein einheitliches Ensemble mehr.

Steinfigur Karls des Großen an der Westseite des Rathauses; oben der halbe Reichsadler und das französische Lilienwappen, unten der Bremer Schlüssel. Kupferstich von Merian, 1653

Eine Ansicht von der Rückseite des Rathauses mit dem Anbau der Ratskanzlei im 17. Jahrhundert. Links vom Eingang zwei Steinpfosten, davon einer mit dem Bild Karls des Großen, rechts vom Eingang über der Tür zum Ratskeller eine „Laube", von der Ratsverfügungen gelesen wurden. Aquarell in der Kosterchronik, Ende 17. Jahrhundert

Die „Bremer Stadtmusikanten" von Gerhard Marcks, 1953; sie stehen etwa an der gleichen Stelle wie im 17. Jahrhundert das Standbild Karls des Großen. Foto Otto Weise, 1955

Oben: In einem Zwickel über dem 2. Rathausbogen befindet sich jene Plastik der Henne mit ihren Küken, die Wagenfeld 1845 als Grundlage für seine „Volkssage" über die Gründung Bremens diente. Foto um 1930

Unten links: Einer der beiden Herolde von Rudolf Maison vor dem Ostportal des Rathauses, die 1900 den deutschen Pavillon der Pariser Weltausstellung zierten und von John Harjes der Stadt geschenkt wurden; sie wurden am 30. September 1901 aufgestellt. Für das Westportal stiftete Harjes zwei Ritter zu Fuß. Postkarte 1942

Unten rechts: Während die Ritter zu Fuß 1942 in den Schmelzofen wanderten (kleine Nachbildungen heute im Treppenhaus des Schütting), wurden die Herolde während des Krieges im Ratskeller geborgen und dann 1959 im Park der Egestorffstifung in Osterholz aufgestellt. Foto April 1990

Links: Willehad mit dem Dommodell an einer Wange des Ratsgestühls vom Anfang des 15. Jahrhunderts. Es befand sich zunächst in der Rathaushalle, heute im Focke-Museum. Der größte Teil des Gestühls wurde im Anfang des 19. Jahrhunderts zerstört. Foto

Oben: Das „neue Ratsgestühl" wurde vom Architekten Johann Poppe entworfen und 1903 aufgestellt. 1954 wurde es als „aufgeblasene Attrappe" zum größten Teil abgebrochen. Foto C. Becker, um 1939

Die Obere Halle des alten Rathauses war der Ort vieler bedeutender Veranstaltungen, u.a. der jährlichen Schaffermahlzeiten; das Bild entstand während der Schaffermahlzeit von 1957. Im Hintergrund ist das Ratsgestühl bereits verschwunden. Foto

Rathaus und Liebfrauenkirche heute. Foto April 1990

Unten: Der Ratskeller um 1750 mit Fässern und den „Logementern" (rechts), die später zu den heutigen „Priölken" umgebaut wurden. Aquarell von Giselher von Warneck

Oben: Der Rosekeller im Nordostteil des Ratskellers, in dem die kostbarsten Rüdesheimer Weine verwahrt werden. Holzstich 1844

Rechts: Heute ist die große Halle des Ratskellers mit großen alten Fässern geschmückt, so daß sich für die Gastronomie ein dekorativer Raum ergibt. Foto 1967

Das „Palatium", von Erzbischof Giselbert 1293 erbaut und mit einem Portal des 17. Jahrhunderts geschmückt, war zunächst Residenz der Erzbischöfe, dann bis 1803 der Stadtvögte. Ausschnitt aus einer Marktplatzzeichnung von 1695

Oben: Portal der ehemaligen Maria-Magdalenen-Kapelle im erzbischöflichen Palatium von 1293 beim Abbruch des Stadthauses. Foto 1909

Das 1816-19 auf dem Areal des ehemaligen erzbischöflichen Palatiums errichtete Stadthaus, das von städtischen Behörden genutzt wurde. Das schlichte klassizistische Gebäude wurde 1909 abgebrochen, um den Neuen Rathaus Platz zu machen. Foto 1909

Das 1909-13 nach dem Abbruch des Stadthauses nach dem Entwurf des Münchener Architekten Gabriel von Seidl errichtete „Neue Rathaus", das sich in hervorragender Weise dem Alten Rathaus anpaßt. Foto April 1990

Der Festsaal des Neuen Rathauses von 1909-13 mit dunklem Eichenpaneel, Musikgalerie und weiß gestrichener Kassettendecke. Foto um 1913

Der Sitzungssaal des Senats wurde von Rudolf Alexander Schröder ausgestattet und hat seidenbespannte Wände, Mahagonitüren mit geschnitzten Umrahmungen. Die vier schweren Kronleuchter fehlen auf dem Bild. Foto um 1933

Der Schütting

Der Schütting wurde 1444 durch den „Kopman tho Bremen" von Hermann Hemeling erworben. Der Name läßt sich nicht mit Sicherheit deuten: Ob er mit dem „Zusammenschütten" von Abgaben oder dem „Schützen" der Gildemitglieder vor der Winterkälte in geheizten Räumen zu tun hat, wissen wir nicht. Der Neubau von 1537/38 des Antwerpener Baumeisters Johann dem Buschener war zwar mit Sandstein verkleidet, aber doch noch recht schlicht, wofür der Treppengiebel an der westlichen Schmalseite ein Indiz ist. Dekorativer waren der Giebel an der Ostseite von 1565 und der Schiffsgiebel von 1594 auf der Marktseite. Eine weitere Zierde waren gemalte Medaillons über den Fenstern und ein Renaissance-Portal. Es überrascht, daß der Schütting noch in den Städtebüchern der 2. Hälfte des 16. Jahrhunderts nicht als Sehenswürdigkeit genannt wurde, daß er dann aber in den Dilich-Stichen von 1596 und 1603 durchaus als solche erscheint. Hätte man das Gebäude in diesem Zustand erhalten, wäre es heute ein architektonisches Juwel; doch 1756 wurden die Medaillons der Vorderfront grau übermalt und ein nüchternes Mittelportal eingefügt. Der Bau hatte nun eine glatte, von Fenstern durchbrochene Schauseite, die erst seit 1896 durch dekorative Sturzfelder über den Fenstern sowie ein Prunkportal aufgewertet wurde. Eine besondere Sehenswürdigkeit waren im 17. und 18. Jahrhundert die immer wieder von Reisenden bewunderten, malerisch mit Schiffsmodellen, Wappen, Wandvertäfelungen, gemalten Fenstern, einem Gemälde von der Schlacht bei der Drakenburg 1547, Waffen usw. ausgestatteten Repräsentationsräume. Als besondere Sehenswürdigkeit galt der Complimentarius, eine geharnischte Figur, die mit der Hellebarde salutierte, wenn ein Besucher eine bestimmte Treppenstufe betrat. Auch eine Kaffeestube im Schütting wurde im 18. Jahrhundert lobend erwähnt. Die Innenräume wurden mehrfach umgebaut und 1944 durch Bomben zerstört; der Aufbau 1945/51 stellte den äußeren Zustand vor dem Kriege wieder her. Zweifellos beeindruckt das Gebäude durch seine vornehme Eleganz und ist auch eine Zierde des Marktplatzes: Es ist ein gutes Beispiel für die Fähigkeit einiger Architekten, aus einer Ruine einen beeindruckenden Baukörper zurückzugewinnen.

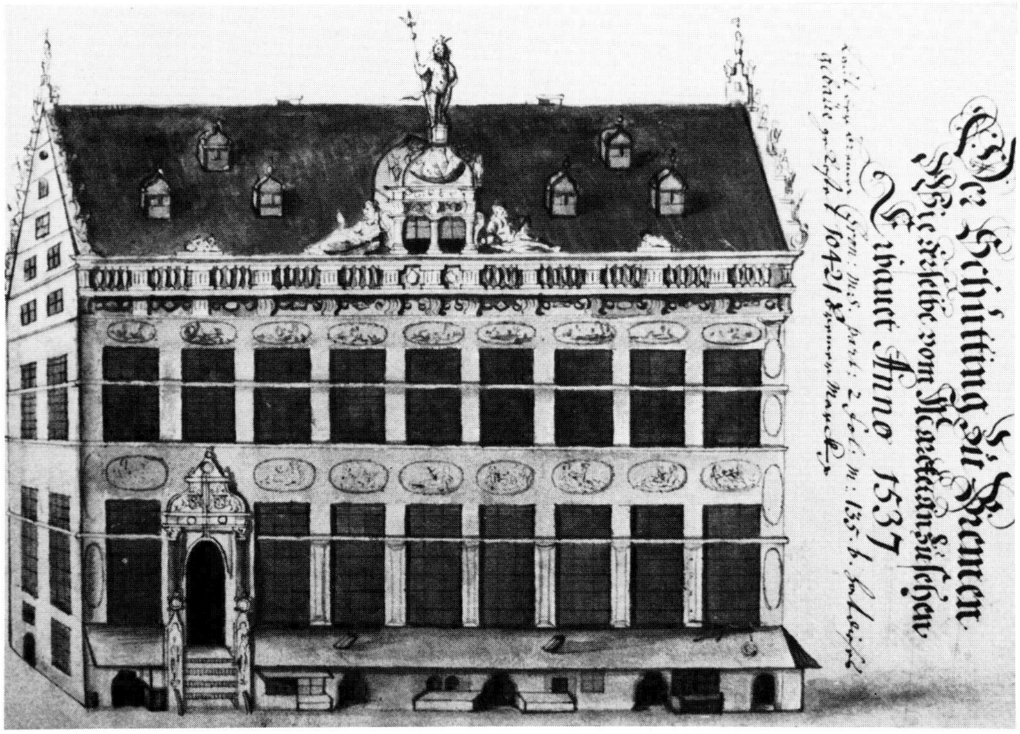

Oben: Der 1537/38 erbaute Schütting, das Haus der Kaufleute, in der Gestalt nach 1594 mit seinem Schiffsgiebel, den gemalten Medaillons über den Fenstern und dem nach links versetzten Portal. Aquarell vom Ende des 17. Jahrhunderts in der Chronik von Peter Koster

Rechts: Der „Complimentarius", eine geschnitzte Figur in einer Rüstung, die früher im Schütting mit der Hellebarde grüßte. Der Tradition nach die Rüstung des Balthasar von Esens, 1539; der Stil aber weist ins ausgehende 16. Jahrhundert. Das Bild zeigt die Aufstellung im alten Focke-Museum, Foto um 1930

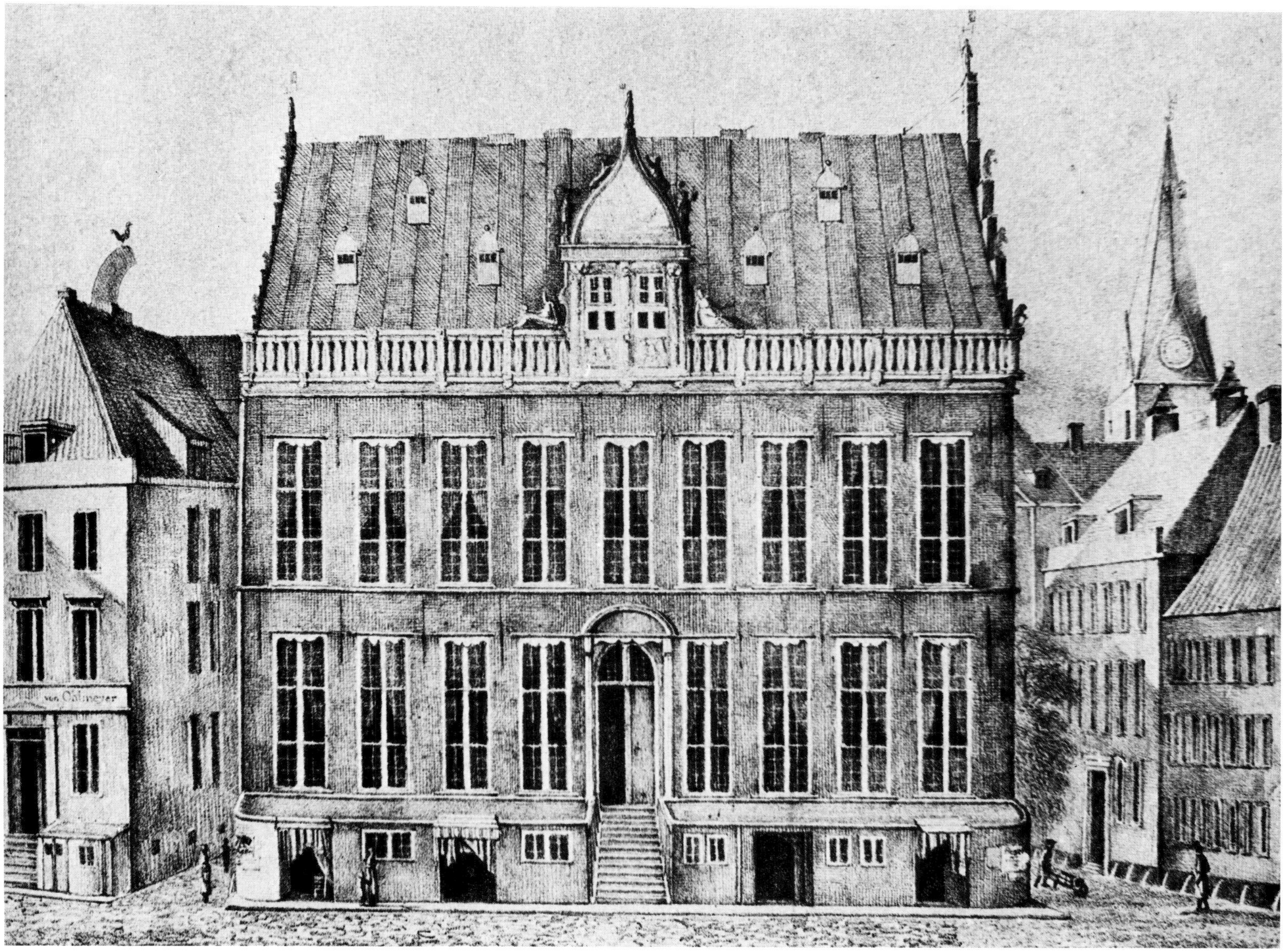

Der Schütting mit der 1756 „bereinigten" Fassade und dem in die Mitte versetzten einfachen Portal. Lithographie im Neuen Bremischen Haushaltungskalender, 1831

Darstellung der Schlacht bei der Drakenburg 1547. Früher hing ein nicht erhaltenes Gemälde im Schütting, das dann für ein Aquarell in der Renner-Chronik von 1583 als Vorlage diente. Eine weitere Darstellung des Ereignisses findet sich als Kupferstich in der Dilich-Chronik von 1603

Der Bombenangriff vom 6. Oktober 1944 hinterließ von dem seit 1896 umgebauten Schütting nur eine Ruine. Foto Cüppers

Der Wiederaufbau des Schütting 1945-51 stellte die seit 1896 entstandene Fassung mit dem Prunkportal und den Städtewappen in den Sturzfeldern über den Fenstern wieder her. Foto August 1989

Der Dom

Der Dom ist die älteste Sehenswürdigkeit, deren Geschichte 789 mit einem schlichten Holzbau begann und die schon im 9. Jahrhundert wegen der wundertätigen Gebeine des Bischofs Willehad große Anziehungskraft besaß. Die Kirche hatte bis zum Umbau des Rathauses 1609/12 im Verhältnis zu den anderen Bauten des Ortes keine ernst zu nehmende Konkurrenz. Das gilt vor allem für den sicher sehr prächtigen romanischen Bau des 11. Jahrhunderts, aber auch für die Zeit der Umbauten und des Anbaus neuer Kapellen des 13. bis 15. Jahrhunderts. Noch 1502/22 versuchte das Domkapitel durch den Bau des nördlichen Seitenschiffs mit den prächtigen Netzgewölben das Rathaus zu übertrumpfen, doch als dieses 1609/13 seine Renaissancefassade bekam, schien der Konkurrenzkampf verloren: Die Reformation und vor allem die Krisen des 17. Jahrhunderts mit dem Zusammenbruch des Südturms (1638) und dem Verlust des nördlichen Turmhelms (1656) sowie die fortschreitende Verwitterung der Westfassade machten den Dom, der seit 1638 Gemeindekirche der Lutheraner im reformierten Bremen war, trotz der monumentalen Gestalt zu einem Wahrzeichen der Vernachlässigung historischer Bausubstanz. Die Schweden und Hannoveraner, die Eigentümer des Doms seit 1648 bzw. 1715, taten wenig zur Erhaltung des Gebäudes, und der Verfall setzte sich auch in stadtbremischer Zeit (seit 1803) noch fort, bis dann die große Restaurierung von 1888 bis 1901 dem Dom die heutige Gestalt gab: Es entstand nun ein Bauwerk, das äußerlich ein Gemisch von neuer Romanik und alter Gotik darstellte, im Innern aber bei einer qualitätvollen neuromanischen Ausmalung Hermann Schapers wesentliche und durchaus kostbare Bestandteile der romanischen und der gotischen Zeit bewahrte (Krypten, Schiffe, Chor, Kapellen). Erhalten blieben auch zahlreiche Skulpturen, Teile des Chorgestühls, Grabsteine und Epitaphien von der Romanik bis zum Barock. Einige Kunstwerke und Funde aus den Bischofsgräbern sind seit 1987 im Dommuseum ausgestellt. Besucher früherer Jahrhunderte würdigten den Dom vor allem als historisches Bauwerk, als Bischofskirche, nicht aber als Architekturdenkmal; auch die Kunstwerke im Innern wurden nur selten beachtet. Zur – unverdient – erstrangigen Sehenswürdigkeit wurde freilich seit etwa 1700 die Mumiensammlung in der Ostkrypta (später in andere Räume überführt). Es ist keine Frage: Seit der Wiederherstellung am Ende des 19. Jahrhunderts hat der Dom, der nie ein Gebäude totaler architektonischer Reinheit war, seinen Rang als bedeutende Sehenswürdigkeit zurückgewonnen. Die Restaurierungen der letzten Jahre haben seine Substanz für lange Zeit gesichert.

Der Dom vor 1638 (mit dem spitzen Turmhelm auf dem nördlichen und dem flachen Dach auf dem südlichen Turm) und nach 1656 (mit dem 1638 zusammengebrochenen südlichen Turm und dem 1656 abgebrannten nördlichen Turmhelm). Kupferstich von Nutzhorn, wohl Ende 17. Jahrhundert

Rechts: Der Dom mit dem Stumpf des 1638 zusammengebrochenen Südturms sowie seinem durch eine Uhr von 1676 im 6. Stock gezierten und mit einem Notdach abgedeckten Nordturm. Ausschnitt aus einer 1695 gezeichneten Marktplatzansicht

Der Dom mit seiner häßlichen welschen Haube von 1767; rechts erkennt man das gotische „Balleersche Haus", das 1860 dem Bau der neuen Börse weichen mußte. Einzelbild auf einem lithographischen Erinnerungsblatt von Tempeltey um 1850

Der Dom während der großen Restaurierung, bei der die ganze Westfront mit den Türmen erneuert wurde. Foto 1890

Der Dom nach der Restaurierung am Ende des 19. Jahrhunderts, wie er sich auch heute noch darbietet. Links das Rathaus, rechts das Bürgerschaftsgebäude Wassili Luckhardts von 1963/67. Foto August 1989

Unten: Das Mittelschiff des Doms mit Emporen, Kanzel von 1638 und (im Hintergrund) dem barocken Altar. Aquarell um 1800

Rechts: Das nördliche Seitenschiff des Bremer Doms mit dem prächtigen Netzgewölbe von 1502-22; Baumeister war Cord Poppelken aus Osnabrück. Im Zweiten Weltkrieg durchschlug eine Bombe das Gewölbe; der Schaden wurde behoben, Foto Stickelmann 1920

Links: Krümme des Bischofsstabes im Grab 18 des Bremer Doms von 1230/40 aus Limoges/ Frankreich mit der Darstellung von Mariae Verkündigung. Foto

Oben: Bei Scheinwerferlicht erfolgten 1973/76 und 1979 Ausgrabungen im Bremer Dom, wobei mehrere Gräber, insbesondere auch von Erzbischöfen, geöffnet wurden. Foto 1974

Zwei Wangen des Chorgestühls im Bremer Dom von etwa 1366 mit einer Darstellung der Vertreibung aus dem Paradies (oben links), des Sündenfalls (unten links), des Todes Jonathans (oben rechts) und des Todes Eleasers (unten rechts). Das Gestühl wurde 1823 abgebrochen und bis auf neun Wangen verheizt. Foto Louis Koch um 1890

Grabstein des Erzbischofs Johann Rode, gestorben 1511, im Bremer Dom, Foto

Eins der bedeutendsten bremischen Kunstwerke ist das romanische Taufbecken im Dom, dessen Trägerfiguren vielleicht etwas älter als das Becken sind. Die Datierung schwankt zwischen der 1. Hälfte des 11. Jahrhunderts und 1220. Foto

Vorderseite des silbernen Cosmas- und Damianschreins von 1420 mit den Bildern der beiden Arztheiligen. Der Schrein wurde 1648/49 nach Bayern verkauft (heute in der St. Michaeliskirche in München). Lichtdruck nach Foto 1895

Der gotische Kreuzgang des Doms vor dem Abbruch 1926 für den Bau der Glocke; eine Erhaltung und Einbeziehung in den Neubau wären durchaus möglich und sogar geboten gewesen. Foto Stickelmann 1926

Am Ende des 17. Jahrhunderts wurde von Orgelarbeitern entdeckt, daß einige in Särgen in der Ostkrypta verwahrte Leichen mumifiziert waren. Grund dafür war der trockene Sandboden und ein kühler Luftzug durch ein unverglastes Fenster. Sehr bald waren die Mumien eine Attraktion und erhielten Namen, die ihnen z.T. nicht zukamen. 1823 wurden sie umgebettet und durch einige weitere aus der Erskinschen Gruft ergänzt. Holzstich nach Foto von Grienwaldt 1882

Die unverfälscht erhalten gebliebene romanische Ostkrypta aus der 2. Hälfte des 11. Jahrhunderts war bis 1823 als Bleikeller Verwahrort für die Mumien und dient heute als Kirchenraum. Foto 1966 vor der letzten Renovierung 1982/84

Links: Der Domküster gibt Erklärungen zu den Mumien im Bleikeller. 1984 wurden sie in einen Raum außerhalb des Doms umgebettet. Foto Weltrundschau Berlin um 1935

Unten: Eins der Kapitelle der Ostkrypta, das heidnische Motive zeigt: die Midgardschlange und den Fenriswolf. Foto 1966

Alte Denkmäler auf dem Marktplatz und „umzu"

Was Denkmäler anbetraf, die ja früher in jedem Falle als „Sehenswürdigkeit" konzipiert wurden, so hatte Bremen bis in die 2. Hälfte des 19. Jahrhunderts nicht den Rang eines „Roms des Norden". So hatte der Roland zunächst einmal eine einsame Sonderstellung. Der Steinroland von 1404 entstand im Zusammenhang mit der Neugestaltung des Marktplatzes und dem bevorstehenden Bau des Rathauses. Er soll einen hölzernen Vorgänger gehabt haben, den man auf dem älteren Marktplatz bei der Liebfrauenkirche vermuten müßte. Die ursprüngliche Bedeutung der Rolandfiguren ist bis heute umstritten: es gibt aber in Bremen sehr alte Zusammenhänge mit der legendären Gründung der Stadt durch Karl d. Gr.; um 1400 und später galt der Roland jedenfalls als Symbol für städtische Freiheit gegenüber den Ansprüchen des Erzbischofs. An der Figur wurden im Laufe der Jahrhunderte mancherlei Veränderungen vorgenommen: Sie wurde mal farbig, mal grau angestrichen; der Baldachin wurde erneuert, das Gitter verändert, dann 1938 ganz weggenommen; in diesem Jahre wurde der Roland auseinandergenommen und bis 1939 wieder aufgebaut, wobei man in einer Kassette einige Schriften mit NS-Emblemen und -texten einmauerte. Im Zweiten Weltkrieg verschwand die Figur hinter einem hölzernen, dann steinernen Splitterschutz, wurde aber 1945 wieder hervorgeholt; dann ersetzte man 1969 den „Krüppel" zwischen den Füßen durch eine Kopie; 1983 erhielt der Roland einen neuen Kopf und, um das Besprühen mit Farbe zu erschweren, wieder ein Gitter. Schließlich erfolgte im Rahmen einer Pressekampagne eine späte Entnazifizierung, indem aus dem Rückgrat des Recken die Kassette mit den NS-Schriften von 1938 hervorgeholt wurde. So steht er nun wieder als Kämpfer für Christentum und städtische Freiheit aufrecht da. Neben Roland verblassen alle anderen alten Denkmäler um den Marktplatz: die Figur Karls d. Gr. am Rathausaufgang im Westen des Rathauses, die nur aus dem 17. Jahrhundert überliefert ist, der Wilhadibrunnen von 1883, das Reiterstandbild Bismarcks von 1910 und der Turmbläserbrunnen von 1899.

Der steinerne bremische Roland von 1404 war von Anfang an ein Symbol städtischer Freiheit gegenüber dem Erzbischof. Die Figur war früher bunt bemalt. Aquarell vom Ende des 17. Jahrhunderts in der Koster-Chronik

Da die Standfestigkeit Rolands gefährdet war, wurde er 1938 abgebrochen und auf ein Betonfundament gestellt, wobei auf ein Gitter verzichtet wurde. Am 5. November 1938 wurden in einer Kassette zeitgenössische Schriftstücke eingemauert; am 24. Juni 1939 erstrahlte dann der mit Hakenkreuz- und Bremer Fahne dekorierte Roland in frischem Glanz. Die Entnazifizierung (die Entfernung der Kassette von 1938) erfolgte erst 1989. Foto vom 24. Juni 1938

Am 29. September 1939 verschwand Roland hinter einem Splitterschutz von Brettern und Sand; auch die Säulen des Rathauses wurden verstärkt und die Figuren zwischen den Fenstern verkleidet. Im Juli 1942 wurde Roland von einer Mauer umschlossen. Foto 1940

Der mehrfach restaurierte, u.a. mit neuem Kopf versehene Roland erhielt wieder wie in alten Zeiten ein Schutzgitter. Foto August 1989

Der Willehadbrunnen vor dem Dom wurde vom Arzt Dr. Heinrich Pletzer gestiftet, von Richard Neumann gestaltet und 1883 von Gladenbeck in Berlin gegossen. Willehad war als segnender Mönchsbischof und Baumeister des Doms dargestellt; am Sockel befanden sich Putten, die auf wasserspeienden Delphinen ritten. Foto Carl Rocco um 1890

Die Bronzeteile des Willehadbrunnens wurden am 19. Mai 1942 für die „Führerspende" abgebaut, der Sockel am 26. Juni 1952 als Verkehrshindernis beseitigt. Auf dem Bild wird ein Spaßmacher auf dem Sockel von Polizisten bedrängt. Foto 1951

Das am 9. Juli 1910 eingeweihte Reiterstandbild Otto von Bismarcks neben dem Dom. Es wurde von Adolf von Hildebrand entworfen und von Gladenbeck in Berlin gegossen. Foto Carl Sabo 1910

Die Bismarck-Figur wurde am 14. Dezember 1942 vom Sockel genommen und an der Nordseite des Doms eingemauert. Am 23. September 1952 kehrte sie auf den Sockel zurück. Foto 15. September 1952

Der Turmbläserbrunnen am Dom wurde 1899 von Franz Schütte gestiftet und von Max Dennert entworfen. Am Sockel befand sich früher eine Pumpe. Die Figuren wurden am 6. Juni 1942 für die „Führerspende" abgebaut, ein Neuguß nach dem alten Modell wurde am 30. Oktober 1956 aufgestellt. Foto um 1900

„Sonstige" Gebäude am Marktplatz

Es überrascht etwas, daß früher neben Rathaus, Schütting und Dom keine der am Markt gelegenen Gebäude aus alter Zeit als „Sehenswürdigkeit" genannt wurden. Wenn etwa in Reisebeschreibungen von der Rathsapotheke oder dem Akzisehaus, die bis in den Anfang des 19. Jahrhunderts mit prächtigen Renaissancegiebeln geschmückt waren, die Rede war, dann geschah das als Institution, nicht aber als architektonisches Schmuckstück, ganz zu schweigen von den prächtigen Gebäuden an der Ostseite des Marktplatzes, die immerhin bis 1860 standen. Seit 1864 kamen dann freilich einige „Sehenswürdigkeiten" hinzu, deren Qualität nicht allgemein anerkannt wurde: Die neugotische Börse von 1864 mit ihrer üppigen Innenausstattung, die im Zweiten Weltkrieg ausbrannte und 1964 durch das schlichtere, architektonisch mittelmäßige Bürgerschaftsgebäude Wassili Luckhardts ersetzt wurde, die üppigdekorative Baumwollbörse von 1902, die 1924 ihres Zierrats weitgehend entkleidet wurde und heute nur noch einen nüchternen Torso darstellt, das zurückhaltende Ensemble der Ratsstuben des Architekten Rudolf Jacobs Ecke Markt/Liebfrauenkirchhof von 1904 (1945 teilweise zerstört, aber 1950 wieder hergestellt) und schließlich die 1957 an die Ecke Marktplatz/Langenstraße versetzte Rokoko-Fassade eines Bürgerhauses von der Schlachte. Alle diese und zeitweilig auch einige andere Gebäude waren und sind für sich nur zweitrangig, haben jedoch ihren mehr oder weniger großen Anteil am malerischen Ensemble des Marktplatzes.

Markt Nr. 26 (links) bis 22 (rechts) im Jahre 1695. Von den prächtigen Giebelhäusern haben sich Nr. 26, das „Balleersche Haus" von etwa 1500, und Nr. 25, das „Pundsacksche Haus" von etwa 1570, bis 1860 erhalten. Ausschnitt aus einer Marktplatzzeichnung von 1695

Ecke Grasmarkt (links) und Markt (rechts) vor dem Abbruch 1860. In der Mitte Markt Nr. 26, das Balleersche und Nr. 25, das Pundsacksche Haus. Im übrigen sind alle Stile von der Gotik bis zum Klassizismus vertreten. Hundert Jahre später vertrat der Denkmalspfleger Dr. Stein eine Wiederherstellung der Giebelfront, scheiterte aber am Bürgerschaftspräsidenten, der den Luckhardt-Bau des Bürgerschaftsgebäudes betrieb. Foto 1860

Die Neue Börse am Markt verdrängte 1860 den Komplex alter Bürgerhäuser. Das neugotische Bauwerk des Bremer Architekten Heinrich Müller von 1861/64 war von hoher Qualität, stand aber im Ensemble des feingliedrigen Marktplatzes am falschen Ort. Stahlstich von G. M. Kurz nach Zeichnung von Wilhelm Heuer, 1863

Im Innern wirkte der Börsensaal mit einem Mittel- und 4 Seitenschiffen wie eine Kathedrale. Von der Galerie schaute das Standbild der Brema von D. Kropp herab. In dieser Halle fanden mehrmals große Staatsempfänge statt. Holzstich nach Zeichnung von H. Assmann, 1865

Ein immer wieder dargestellter Blick war der durch die Börsenpassage zum Dom; zwar blieb der Durchgang erhalten, wurde jedoch nach dem Zweiten Weltkrieg verbaut. Ansichtskarte um 1910

Unten: Der „Conventssaal", in dem bis 1933 die Bürgerschaft tagte, lag im ersten Stock der Börse; er hatte gotisierendes und gründerzeitliches Dekor. 1927 erfolgte ein Umbau. Ansichtskarte um 1905

Die Börse fiel am 20. Dezember 1943 Brandbomben zum Opfer, während das Nebengebäude erhalten blieb. Blick in die ausgebrannte Halle am 30. Dezember 1943. Foto Cüppers

An die Stelle der Börsenruine trat nach jahrelangem Streit über die Gestaltung der Ostseite des Marktplatzes die vom Bürgerschaftspräsidenten Hagedorn favorisierte und vom Denkmalspfleger Dr. Stein heftig bekämpfte Fassung des von Wassili Luckhardt entworfenen Bürgerschaftsgebäudes. Foto August 1989

Blick vom Marktplatz in Richtung Wachtstraße; links die 1860 abgebrochene Reihe alter Häuser, rechts der Schütting. Kolorierte Lithographie von 1849

Der Blick vom Marktplatz in die Wachtstraße fiel seit 1902 auf die üppig mit Zierrat versehene Baumwollbörse im Stil der Neo-Renaissance, die auch im Innern prunkvoll ausgestattet war. Nachdem Stücke des Sandsteinschmucks herabgefallen waren, erfolgte 1921/24 eine Glättung der Fassaden, und schließlich hinterließ der Zweite Weltkrieg nur noch einen nüchternen Torso. Druck nach Foto, um 1906

Der Liebfrauenkirchhof

Der Liebfrauenkirchhof war der älteste Marktplatz Bremens; auf ihm lag zunächst die St. Veitskapelle, die dann zur Liebfrauenkirche wurde. Im Rechteck um diese Kirche gab es sowohl einen Friedhof als auch das Marktgelände, das sich im Süden bis zur Langenstraße und zur Balge erstreckte. Auf einem schmalen Grundstück an der Obernstraße zwischen Sögestraße und Liebfrauenkirchhof lagen zwei Häuser, die seit dem 13. Jahrhundert als Rathaus dienten und denen Gewandschneiderbuden angeschlossen waren. Im Anfang des 15. Jahrhunderts verlagerte sich der Markt auf den heutigen Platz. Das ehemalige Rathaus wurde ans Krameramt vermietet, diente als Hopfenlager und wurde nach einem Verkauf 1598 für Wohnzwecke eingerichtet; offenbar erhielt das Doppelgebäude nun zwei Renaissancegiebel und Utluchten zur Obernstraße. Die Funktion des Liebfrauenkirchhofs als Begräbnisplatz blieb noch bis 1812 erhalten.

Der Liebfrauenkirchhof war im Osten von der westlichen Schmalseite des Rathauses begrenzt, die im 17. Jahrhundert durch das Standbild Karls d. Großen und eine Laube über dem Eingang zum Ratskeller einen besonderen Akzent bekam. Ein Teil des Platzes an der Obernstraße war gepflastert und diente den Kaufleuten als „Börse". Mehrere Sehenswürdigkeiten markierten den Platz: Die Liebfrauenkirche mit ihren romanischen Türmen sowie gotischen Fenstern und Giebeln an der Südseite, dem angebauten Schulmeisterhaus und (im 19. Jahrhundert) einem nüchternen Schulgebäude; die alte Börse des französischen Baumeisters Jean Baptist Broëbes von 1695, die ihren charmanten Charakter 1733 durch eine Aufstokkung verlor und 1888 abbrannte, sowie schließlich das für diesen Platz viel zu wuchtige Denkmal Kaiser Wilhelm I. von 1893, das 1942 der „Führerspende" zum Opfer fiel. Es kommen hinzu: das Reiterstandbild des Generalfeldmarschalls Helmuth von Moltke an der Wand der Liebfrauenkirche und der Marcusbrunnen von 1909. Die Bürgerstuben/Deutsches Haus des Architekten Rudolf Jacobs von 1904 haben nur einen begrenzten Wert für das Ensemble des Platzes, der bis in den Anfang des 19. Jahrhunderts von malerischen Giebel- und Traufenhäusern umgeben war, die dann aber von höheren nüchternen Gebäuden ersetzt wurden. Dennoch behielt der Platz, auf dem seit dem Anfang des 19. Jahrhunderts Bäume standen, durch Gebäude und Denkmäler einen malerischen Reiz, der erst durch die Entwicklung nach dem Zweiten Weltkrieg stark beeinträchtigt wurde. Seit dem 19. Jahrhundert galt der Liebfrauenkirchhof als Annex des Marktplatzes, und seit dieser Zeit (bis 1913) wurde er auch für den Freimarkt genutzt.

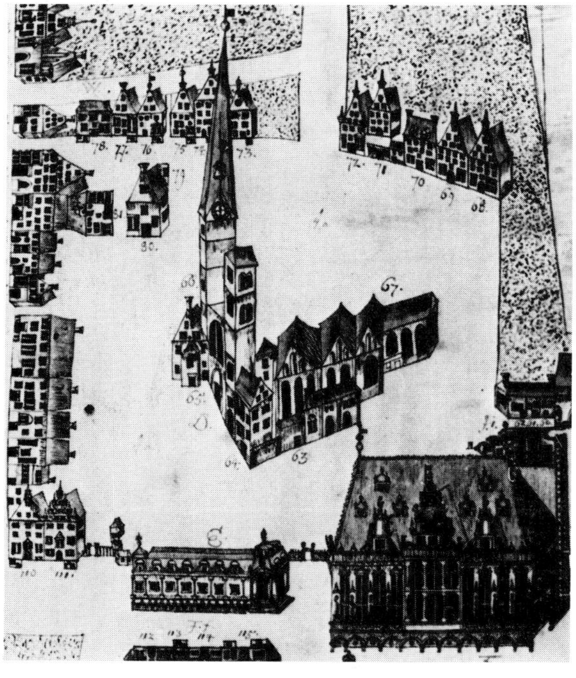

Der Liebfrauenkirchhof, Vogelschau von Süden vor 1733. Im Süden sieht man die noch einstöckige alte Börse, an der Ecke Obernstraße/Sögestraße die beiden Giebel des ältesten Rathauses (Hopfenhauses). Ausschnitt aus einer Zeichnung von J. D. Heinbach um 1750

Im 17. Jahrhundert waren die Gräber auf dem Liebfrauenkirchhof noch deutlich zu erkennen. Ausschnitt aus der Marktplatzansicht von Merian, 1653

Der Liebfrauenkirchhof von Nordwesten aus gesehen, um 1865. Die Westfront der Kirche ist durch die Liebfrauenkirchspielschule verdeckt. Auf dem Kirchhof, der seit 1812 nicht mehr Begräbnissen dient, stehen Bäume, so daß sich ein recht stimmungsvoller Platz ergibt. Zeichnung und Lithographie von W. Heuer

Ein Schmuckstück in der Liebfrauenkirche ist bis heute die geschnitzte Kanzel von 1709. Lichtdruck nach Foto, 1876

Das Reiterdenkmal des Generalfeldmarschalls Helmuth von Moltke an der Liebfrauenkirche, die auch Garnisonskirche war, wurde vom Bankier Bernhard Loose gestiftet und 1905/06 vom Bildhauer Hermann Hahn ausgeführt. Foto 1914

Die alte Börse wurde 1686/95 vom französischen Baumeister Jean Baptiste Broëbes auf einem gepflasterten und unterkellerten Areal errichtet, auf dem sich seit langer Zeit bereits der Börsenbetrieb abgespielt hatte. Das Gebäude sah wie ein Pavillon in einem Schloßpark aus und war an dieser Stelle ein Fremdkörper. Aquarell vom Ende des 17. Jahrhunderts in der Koster-Chronik

1733 wurde die alte Börse vom Ingenieur-Kapitän Giselher von Warneck aufgestockt, um Raum für städtische Behörden zu schaffen. Hinter der Börse sieht man das Rathaus. Einzelbild in einem Erinnerungsblatt. Die Börse fiel 1888 einem Brand zum Opfer. Lithographie von Tempeltey um 1850

Links unten: Unmittelbar nach dem Tode Kaiser Wilhelms I. 1888 beschloß eine Gruppe von Kaufleuten, eine Reiterstatue des Herrschers zu stiften. Robert Bärwald/Berlin schuf eine Imperatorengestalt; am Sockel befanden sich Brema, Neptun und der Reichsadler. Die Einweihung erfolgte am 18. Oktober 1893 durch Kaiser Wilhelm II. Foto der Neuen Photogr. Gesellschaft Berlin, 1904

Unten: Am 15./16. April 1940 wurden Brema, Neptun und Reichsadler, am 6. Juni 1942 Kaiser Wilhelm abgenommen, um in den Schmelzofen zu gehen. Foto Cüppers, 15. April 1940

Bis 1913 befand sich ein Teil des Freimarkts auf dem Liebfrauenkirchhof. Ansichtskarte 1899

Im Zweiten Weltkrieg verlor die Liebfrauenkirche am 6. Oktober 1944 den Turmhelm, das Eckhaus Markt/Liebfrauenkirchhof (Bürgerstuben) wurde durch Sprengbomben zerstört. Foto 1945

Unten: Nördlich der Liebfrauenkirche steht seit 1909 der von Bürgermeister Victor Marcus gestiftete und von Hermann Hahn ausgeführte zierliche Marcusbrunnen. Daneben war ein Droschken- (später Taxi-) Stand. Foto etwa 1910

Rechts: Die Kriegsschäden an der Liebfrauenkirche wurden nach 1945 weitgehend beseitigt, der Turm erhielt zunächst ein flaches Dach; 1964/65 wurde der spitze Turmhelm in Betonbauweise und mit Kupferbedeckung erneuert. Im Vordergrund der neue Pavillon des Verkehrsvereins. Foto 1993

Der Domshof

Bisweilen wurde der Domshof als geniale städteplanerische Schöpfung mittelalterlicher Erzbischöfe angesehen; er entstand aber doch wohl mehr zufällig, weil er bis 1803 als nicht zur Stadt gehörendes Areal für bürgerliche Bebauung nicht zur Verfügung stand. Ursprünglich ging die alte Graben- und Wallbefestigung der Domburg quer über den Platz; der Graben wurde wohl schon im frühen Mittelalter zugeworfen. Am Rande des Platzes entstanden im Südwesten das erzbischöfliche Palatium, das sehr bald Residenz des Stadtvogts wurde, und im Osten einige Kurien von Domherren. Im wesentlichen dominierte das Nordschiff des Doms den Platz. Seit 1803 war dann die Stadt hier zuständig. Die während des 19. Jahrhunderts entstehenden Gebäude, darunter Gasthöfe, wurden – bis auf zwei – nie als Sehenswürdigkeiten angesehen. Die beiden herausragenden Bauwerke waren das Klubhaus „Museum" von 1873/75 Ecke Domshof/Schüsselkorb, das 1942 ausbrannte, und Ecke Sandstraße/Domshof das klassizistische lutherische Waisenhaus von 1785, das 1905 durch den üppigen Neo-Renaissancebau der Bremer Bank ersetzt wurde.

Auf dem Platz selbst, der zunächst teils als Paradeplatz diente, teils eine mit Bäumen bepflanzte Anlage war, gab es zwei Sehenswürdigkeiten sehr unterschiedlicher Art: Einen unscheinbaren Pflasterstein mit einem Kreuz an der Stelle, an der 1831 die Giftmörderin Gesche Gottfried hingerichtet wurde, und der üppige Teichmannsbrunnen von 1899, der 1940 eingeschmolzen wurde.

Auch auf dem Domshof spielte sich bis 1913 ein Teil des Freimarkts ab. Im Zweiten Weltkrieg wurde der innere Teil des Platzes durch einen Luftschutzbunker unterkellert; viele Gebäude wurden durch Bomben zerstört. Die Wiederherstellung nach dem Kriege und mehrere Versuche einer ansprechenden Gesamtgestaltung haben nicht vermocht, den Platz zu einer städteplanerischen Sehenswürdigkeit zu machen. Einige Bäumchen an der Ostseite und Marktstände können den Platz nicht beleben; der Blick nach Süden ist durch die Bremer Bank, den Dom und das Neue Rathaus recht malerisch, sonst aber ist der Platz von einem architektonischen Sammelsurium vom „kleinen Louvre" der Deutschen Bank bis zu nüchternen Fassaden von Kontorhäusern umgeben.

Der Domshof im Umbruch, Blick von Süden. Der Platz hat nur noch wenige kleine Giebelhäuser des 18. Jahrhunderts. Hohe klassizistische Geschäfts-, Gesellschafts- und Hotelgebäude beginnen den Platz zu dominieren. Zur Neugestaltung gehörte das große Gebäude links (Nr. 29/30) von 1858, das von Heinrich Müller entworfen wurde. Ein Teil diente damals als Exerzierplatz. Lithographie von Robert Geißler um 1860

Links: Im Süden wurde der Domshof vom Dom (nördliches Seitenschiff, Nordturm) begrenzt; links sieht man das lutherische Waisenhaus von 1785, rechts das Stadthaus und im Hintergrund die Börse von 1864. Lithographie von W. Heuer, 1865

Der „Gesche-Gottfried-Stein", der an die Hinrichtung der Giftmörderin Gesche Gottfried am 21. April 1831 erinnert. Früher wurde er von vielen Passanten bespuckt („Spuckstein"). Foto August 1989

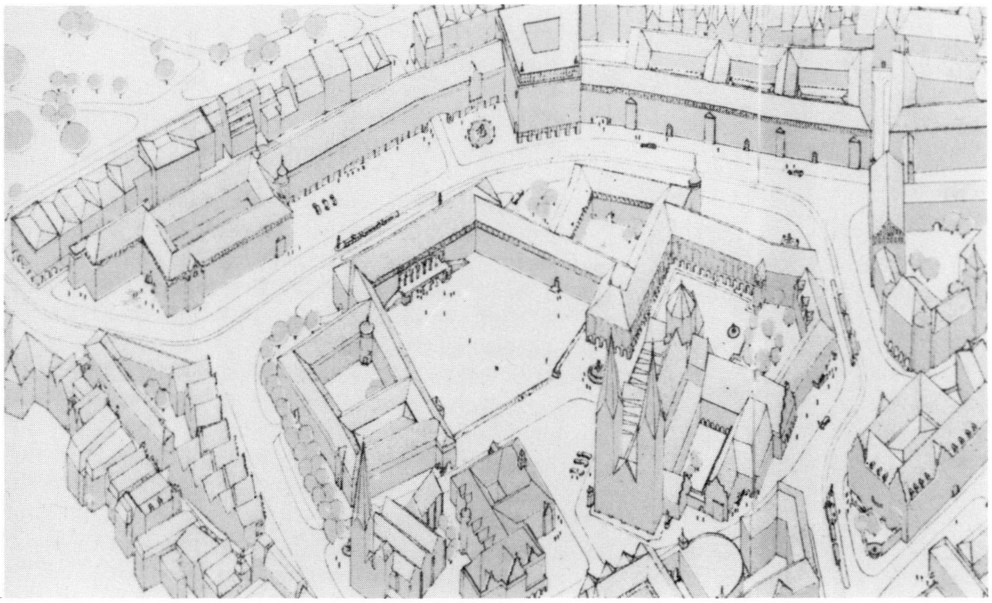

1940/42 wurde ein großer Teil des Domshofs durch einen Luftschutzbunker unterkellert, zugleich lief unter Federführung von Baudirektor Offenberg der Plan einer radikalen Neugestaltung mit riesigem Rathaus und einem „Festplatz". Zwischen diesem und dem Wall sollten Bank- und Bürogebäude entstehen. Der Entwurf wurde wegen des Krieges nicht verwirklicht. Ausschnitt auf der Zeichnung Offenbergs 1942

Der im Umbau begriffene Domshof mit dem Gemisch älterer und neuer nüchterner Bausubstanz. Nur das Nordende mit Bremer Bank, Dom und neuem Rathaus hat noch einen Rest alten Glanzes bewahrt. Foto August 1989

Das lutherische Waisenhaus von 1785 Ecke Domshof/Sandstraße. Zeichnung St. Messerer, Kupferstich C. Ermer, 1833

Die „Bremer Bank“, die 1905 auf dem Areal des lutherischen Waisenhauses durch die Architekten Albert Dunkel und Diedrich Tölken jun. als prächtiger Neo-Renaissancebau errichtet wurde. Bäume lockern die Architektur und die gepflasterte Fläche auf. Im Südteil des Platzes, wo es inzwischen keinen Auto- und Straßenbahnverkehr mehr gibt, sprudelt seit 1993 der Neptunbrunnen des Bildhauers Waldemar Otto aus Worpswede. Sicher belebt er den Platz und ist ein Anziehungspunkt; über die künstlerisch „verfremdeten“ Figuren des Meeresgottes mit dem Dreizack und seine Pferde wurde viel diskutiert. Foto Juli 1993

Links: Die Gesellschaft „Museum", die aus der 1776 gegründeten Physikalischen Gesellschaft hervorgegangen war, ließ 1806/08 diesen klassizistischen Bau errichten. Im Hintergrund der Dachreiter des Katharinenklosters. Zeichnung St. Messerer, Kupferstich C. Ermer, 1833

Oben: Der Teichmannsbrunnen von 1899 von Rudolf Maison, der weitgehend aus dem Nachlaß des Kaufmanns Gustav Adolph Teichmann finanziert wurde. 1940 wurden die Figuren eingeschmolzen. Foto um 1910

Oben: Die Gesellschaft „Museum" ließ den klassizistischen Bau 1838 erweitern und 1873/75 durch ein Klubhaus im Stil der italienischen Renaissance ersetzen. Die Planung stammte von Heinrich Müller. 1911 wurde das Gebäude an die Deutsche Bank verkauft, diente dann mehreren Zwecken und brannte am 30. Juni 1942 aus. Daß es nicht wiederhergestellt wurde, war ein Verlust für den Domshof. Foto nach 1875

Ein Teil des Bremer Freimarktes befand sich bis 1913 auf dem Domshof. Foto 1913

Die Domsheide

Neben Marktplatz, Liebfrauenkirchhof und Domshof ist die Domsheide der vierte „historische" Platz der Stadtmitte; er entstand wie der Domshof dadurch, daß hier innerhalb der Dom-Immunität bis 1803 bürgerliche Bebauung nicht möglich war. Beherrschend war zunächst das Gebäude des Domkapitels, das während des 19. Jahrhunderts mehrfach umgebaut wurde, dann dem Künstlerverein als Klubhaus diente, 1915 ausbrannte und an dessen Stelle sich seit 1928 die „Glocke" des Architekten Görig befindet. Weitere Gebäude an der Domsheide waren die Domstruktur (dann Hannoversche Post) des 16. Jahrhunderts, die Domdekanei von etwa 1600 (dann Residenz des schwedischen Präsidenten Erskine, „Eschenhof" genannt, in der Franzosenzeit Sitz des Präfekten, dann bis 1873 Hauptschule).

Das 19. Jahrhundert brachte nicht nur Umbauten, sondern auch neue Gebäude, die dem Platz einen repräsentativen Charakter verliehen: Die Ostseite wurde seit 1891 vom schloßartigen Gerichtsgebäude, die Südseite seit 1878 von der „Reichspost" im Stil der Neo-Renaissance besetzt. Beide Bauwerke waren repräsentative Architekturwerke ihrer Zeit und haben sich im wesentlichen bis heute unverfälscht erhalten. Anerkannte Sehenswürdigkeit war 1856-1942 Benedict Fogelbergs Gustav-Adolf-Denkmal, das aus dem Strandgut der Helgoländer erworben wurde. Heute wird der Platz von der Glocke, dem Gerichts- und dem Postgebäude beherrscht. Diese sind zwar im einzelnen recht qualitätvoll, bilden aber mit den anderen Gebäuden kein geschlossenes Ensemble, zumal sich störende, z. T. sogar abstoßende Elemente der neuesten Zeit vordrängen, so ein düsteres Bankgebäude neben der Post, nüchterne moderne Bauten im Westteil und nun auch noch ein häßlicher roter Verkehrsturm, ganz zu schweigen von – angeblich künstlerischen – Experimenten mit Steinplatten, die sich als Stolpersteine erwiesen und z. T. wieder verschwanden.

Der Dom mit dem gotischen Kapitelhaus im 18. Jahrhundert. Der östliche (rechte) Flügel enthielt Refektorium und Kapitelsaal, der mit einem dekorativen Giebel zur Domsheide abschloß. Der anschließende Südflügel entstand im Anfang des 16. Jahrhunderts, war schlichter und trug einen Dachreiter. Der Westflügel war im großen und ganzen nur ein Durchgang. Zeichnung von Heinbach, 1757

Das Kapitelhaus des Doms an der Domsheide vor dem Umbau von 1857. Hinter dem Staffelgiebel befand sich der Kapitelsaal. Kolorierte Federzeichnung des Baumeisters Johann Wetzel

Das ehemalige Kapitelhaus (Künstlervereinsgebäude) nach den Umbauten durch Heinrich Müller bis 1878. Auf der Domsheide steht nun seit 1856 das Denkmal Gustav Adolfs von Schweden; im Hintergrund sieht man das Börsen-Nebengebäude von 1864. Foto Grienwaldt 1886

Das Gustav-Adolf-Denkmal des Bildhauers Benedikt Fogelberg wurde als Auftrag der Stadt Göteborg 1851 in München gegossen, versank aber mit dem Transportschiff bei Helgoland. Die Helgoländer verkauften das „Strandgut" an Bremer Kaufleute, die 1856 eine Aufstellung auf der Domsheide erwirkten. Der Abbau für die „Metallspende" 1942 war ein schwerer Verlust für das Stadtbild. Ein Zweitguß steht in Göteborg. Foto

Links Mitte: 1915 brannte das Künstlervereinsgebäude aus und blieb bis 1928 als Ruine stehen. In ihr befanden sich noch fast unversehrte Teile des gotischen Dom-Kreuzgangs. Foto 1928

Die Künstlerhalle (Lokalität des Künstlervereins), die 1857 ausgestaltet wurde, war ein Teil des alten gotischen Kapitelsaals. Links sieht man die großen Fenster an der Domsheide. Zeichnung Gottheil, Stahlstich J. M. Kolb, 1863

Der große Glockensaal mit der Orgel. Foto 1928

An die Stelle der Ruine des Künstlervereinsgebäudes trat 1926/28 die von Walter Görig erbaute „Glocke" mit Konzertsälen und Restauration. Die Bezeichnung „Glocke" wurde von einem Oktogon im alten Stiftshof übernommen. Beim Neubau wurden alle alten Teile, vor allem auch der gotische Kreuzgang, beseitigt. Die „Glocke" überlebte den Bombenkrieg. Foto August 1989

Die Hauptschule im „Eschenhof" 1833. Es handelt sich um die alte Kurie des Domdekans. Die einzige Zierde des schlichten Gebäudes war ein Barockportal von etwa 1600, das sich heute am Neubau der Post in der Dechanatstraße befindet. Der Name „Eschenhof" leitet sich von einem Eigentümer im 17. Jahrhundert, dem schwedischen Präsidenten Erskine, ab. Das Gebäude wurde 1873 abgerissen, um dem Neubau des Reichspostgebäudes (1878) Platz zu machen. Lithographie im Neuen Bremischen Haushaltungskalender, 1833

Der Eschenhof (rechts) und das Gustav-Adolf-Denkmal. Die Häuserreihe dahinter fiel 1891 der Spitzhacke zum Opfer, als das Gerichtsgebäude errichtet wurde. Foto J. C. Herzog, um 1865

Das Gerichtsgebäude der Oldenburger Architekten Klingenberg und Weber von 1891/95 und das Reichspostgebäude des Berliner Architekten Schwatlo von 1878 (rechts). Sie markierten zusammen mit den Umbauten am Künstlervereinsgebäude von 1857 und 1878 sowie dem Gustav-Adolf-Denkmal von 1856 die Entwicklung der Domsheide zu einem repräsentativen Platz mit architektonisch zeitgebundenen, aber doch qualitätvollen Bauten. Foto um 1910

Einer der gediegen ausgestatteten Säle des Gerichtsgebäudes. Foto um 1895

Sögestraße und Schüsselkorb

Das Katharinenkloster der Schwarzen Mönche (Dominikaner), das seit dem 13. Jahrhundert einen großen Gebäudekomplex zwischen Sögestraße und Schüsselkorb umfaßte, diente nach der Reformation verschiedenen Zwecken. Besucher wurden vor allem seit dem 17. Jahrhundert durch die Bibliothek, das Raritätenkabinett, die Anatomiekammer und das Zeughaus in der alten Klosterkirche geführt. Auch das im früheren Stiftsgebäude untergebrachte Gymnasium Illustre wurde als wichtige Bildungseinrichtung immer wieder erwähnt. Seit dem 19. Jahrhundert schwieg man über diese Sehenswürdigkeiten, weil Teile des Gebäudes verfielen oder umgebaut, die Bibliothek und das Gymnasium anderwärts untergebracht wurden. Heute haben sich nur Teile des Kreuzgangs erhalten, in denen ein Weinrestaurant untergebracht ist. In der Sögestraße, die sich im 19. Jahrhundert als Geschäftsstraße entwickelte, gab es mit der Sonnenapotheke eins der schönsten Giebelhäuser im Stil der Weserrenaissance (der Giebel heute an einem Gebäude der Langenstraße) und seit dem 24. Oktober 1974 mit der Bronzeplastik „Schweinehirt mit Herde" des Bildhauers Peter Lehmann das gegenwärtig populärste Denkmal Bremens.

Das Katharinenkloster zwischen Sögestraße und Schüsselkorb im 18. Jahrhundert; links die gotische Kirche, die seit dem Ende des 16. Jahrhunderts als Zeughaus diente und bis 1662 einen Dachreiter hatte. An die Kirche schlossen sich ein Kreuzgang und weitere Klostergebäude an. 1528 wurde hier die Lateinschule (später Gymnasium Illustre) und 1660 die Stadtbibliothek untergebracht. Der Ostflügel des Klosters trug seit etwa 1662 einen Dachreiter. Zeichnung von J. D. Heinbach 1734

In einigen alten Gewölben des Katharinenklosters befand sich bis 1896 die Stadtbibliothek, dann von 1898 bis 1905 das Historische Museum und schließlich die Bibliothek der Realschule. Foto um 1900

Die Klosterkirche St. Katharinen diente seit dem Ende des 16. Jahrhunderts bis etwa 1813 als Zeughaus. Rekonstruktion von 1870 nach einer Federzeichnung des 18. Jahrhunderts.

Der Neubau der „Bürgerschule" von 1853/55 mit neugotischem Portal. Links ein Teil des alten Klosters, der bis 1896 als Stadtbibliothek genutzt wurde. Lithographie um 1860

Die Klosterkirche von St. Katharinen diente seit 1820 als Packhaus und wurde im Zweiten Weltkrieg zerstört. Nach dem Abriß der Ruine 1961 entstand hier ein Parkhochhaus, während Reste des alten Kreuzgangs als Restaurant genutzt werden. Foto 1961

Eins der schönsten Giebelhäuser der Renaissance war die Sonnenapotheke in der Sögestraße. Das Haus entstand in der 2. Hälfte des 16. Jahrhunderts und erhielt 1890 ein im Stil angeglichenes Erdgeschoß mit zwei Eingängen. Am 18./19. August 1944 brannte das Haus aus; der Giebel wurde geborgen. Foto nach 1890

Der Giebel der Sonnenapotheke wurde auf einen Neubau in der Langenstraße übertragen. Foto August 1989

Die Bronzeplastik „Schweinehirt mit Herde" von Peter Lehmann wurde am 24. Oktober 1974 aufgestellt. Es ist das erste und einzige „volksnahe" Denkmal, das von Passanten, vor allem von Kindern „bestiegen" werden kann – ein Lichtblick in der sonst so öden neueren Denkmalslandschaft Bremens. Foto November 1983

St. Martini und Umgebung – die Böttcherstraße

Die Martinikirche, seit 1229 Pfarre, wurde zunächst immer nur als eine der vier Pfarrkirchen der Altstadt erwähnt. Der schlichte Bau des 13./15. Jahrhunderts fand wenig Beachtung, ebensowenig wurden einige Kunstwerke im Innern, die von hoher Qualität sind, gewürdigt, so der Orgelprospekt von 1615/18, die Kanzel von 1597 und zwei Kronleuchter von 1650, die sich erhalten haben, da sie im Zweiten Weltkrieg ausgelagert waren. Am eindrucksvollsten bietet sich die Kirche von der Weser aus dar.

Seit dem Anfang des 20. Jahrhunderts entwickelte sich dann in der Nähe eine Sehenswürdigkeit, die durch Werbung für alle Besucher obligatorisch wurde – die Böttcherstraße. Zunächst handelte es sich um eine Handwerker- und Speicherstraße, die im 19. Jahrhundert zusehends verfiel. Seit 1906 erwarb der Inhaber der Kaffee HAG, Ludwig Roselius, nach und nach die gesamte Straße. Er ließ dann seit 1924 bis auf Nr. 6, das heutige Roseliushaus, alle Häuser abbrechen und beauftragte den Bildhauer und Architekten Bernhard Hoetger, die östliche Seite zu gestalten. 1931, als am Haus Atlantis ein riesiger „Lebensbaum" angebracht wurde, war Hoetgers Arbeit abgeschlossen. Gleichzeitig wurde die Westseite und der Ausgang an der Martinistraße von den Architekten Scotland und Runge in niedersächsisch-bodenständigem Stil gebaut. Die Hoetgerbauten kamen in der NS-Zeit auf die Liste der „entarteten Kunst", blieben aber auf Befehl Hitlers als „abschreckendes Beispiel" stehen. Schäden im Zweiten Weltkrieg, zu denen auch der Verlust des Hoetgerschen „Lebensbaums" am Haus Atlantis gehörte, wurden behoben, so daß die architektonisch extravaganten Gebäude als Gehäuse für kostbare Sammlungen von Worpsweder Malerei und alter Kunst sowie als Domizil für eine Spielbank, Restaurants und Läden des Kunstgewerbes erhalten blieben. Ein Eigentumswechsel der Firma Kaffee HAG gefährdete in den letzten Jahren die bisherige Struktur der Straße, die nun vom Lande Bremen und der Sparkasse in Bremen erworben wurde.

Die architektonisch etwas nüchterne Martinikirche aus dem 13./15. Jahrhundert liegt malerisch an der Weser und war früher von einem mit Bäumen bestandenen Kirchhof umgeben. Links von der Kirche das Pastorenhaus des 16. Jahrhunderts mit einem Portal von 1630, das nach dem berühmtesten Bewohner „Neanderhaus" genannt wird. Am linken Bildrand das 1366 gegründete St. Gertrudengasthaus mit der kleinen Statue seiner Schutzheiligen (seit dem 16. Jahrhundert Kornspeicher, dann Kontor-, Lager- und Wohnhaus). Nach einer Zeichnung von F. W. Kohl lithographiert von Arldt, um 1845

Die prächtige Orgel Christian Bockelmanns aus Lüneburg von 1615/18. Der Prospekt verwandte ältere Teile von Hermann Wulff. Foto 1938

Am malerischsten bietet sich St. Martini von der Weser aus dar. Die Ansicht von 1833 zeigt die Kirche mit scharfen Konturen und einem allzu schlanken Turm. Das Gebäude rechts ist das „alte Kornhaus" aus dem Anfang des 16. Jahrhunderts; es wurde 1817 privatisiert und 1883 abgebrochen. Im Hintergrund der Turm des Doms. Kupferstich von C. Ermer nach Zeichnung von Stephan Messerer, 1833

Am 6. Oktober 1944 brannte die St. Martinikirche aus; die Wiederherstellungsarbeiten zogen sich von 1951 bis zur Vollendung des spitzen Turmhelms 1962 hin; links das ebenfalls ausgebrannte „Neanderhaus". Foto Stickelmann 1946

1962 hatte St. Martini seine alte Form mit dem prächtigen Innenraum zurückgewonnen. Der mittelalterliche Bau wird nun allerdings von modernen Geschäftshäusern bedrängt. Foto April 1990

In der Nähe der Martinikirche lag die Böttcherstraße, die im Mittelalter „Hellinchstrate" hieß. Man hat daraus auf Schiffbau und Böttcherei geschlossen. Im südlichen Teil gab es im 19. Jhdt. Packhäuser mit Giebeln, im nördlichen Teil Wohnungen und Werkstätten von Handwerkern. Die Straße verfiel. Das Bild zeigt den schmalen nördlichen Teil der Straße, rechts das spätere Roseliushaus. Foto 1911

Links: Nachdem der Kaufmann und Industrielle Ludwig Roselius seit 1904 die Häuser der Böttcherstraße gekauft hatte, ließ er bis auf das „Roseliushaus" – alle abbrechen und neue Bauten errichten. Architekt des linken (östlichen) Teils war Prof. Bernhard Hoetger, der auch das nördliche Eingangstor schuf, das 1927 entstand und 1936 entfernt wurde. Postkarte um 1928

Rechts: Im Zusammenhang mit der Diskussion über die Böttcherstraße als „entartete Kunst" wurde die Gestaltung des Eingangstors verändert und eine ältere Plastik Hoetgers von 1920, der „Lichtbringer" (auch als Erzengel Michael gedeutet), dem nordische und kämpferische Züge zugebilligt werden konnten, angebracht. Foto 1966

Das Bild zeigt links das bereits restaurierte Roseliushaus in ursprünglicher Form und rechts daneben zwei Giebelhäuser des 16./17. Jahrhunderts, die auf dem Areal des späteren „Hauses des Glockenspiels" standen und deren Abriß zu bedauern ist. Im Vordergrund die Baustelle, auf der die Architekten Runge und Scotland 1923/26 das Haus Petrus und das HAG-Haus erbauten. Foto um 1924

Die Gestaltung des südlichen Eingangs zur Böttcherstraße erfolgte 1928/31 durch Runge und Scotland. Die neuen Gebäude fügten sich in die bestehende Reihe von Giebelhäusern ein; auch die mit Säulen und zwei Viertelkreisen gestalteten Durchgänge waren dem ganzen gut angepaßt. Foto 1931

Das 1925/27 von Bernhard Hoetger gestaltete Paula-Becker-Modersohn-Haus im nördlichen Teil der Ostseite der Böttcherstraße hat einen unübersichtlich verschachtelten Stil und war 1936 als „entartete Kunst" vom Abriß bedroht. Foto um 1928

Besonders eigenwillig gestaltete Hoetger 1931 das Haus Atlantis mit einer riesigen Holzplastik als eine Art Kruzifix, die „Lebensbaum" genannt und im Zweiten Weltkrieg durch Bomben zerstört wurde. Foto 1932

Auch die Innenräume der Hoetgerbauten der Böttcherstraße waren eigenwillig, aber dennoch recht malerisch, wie hier der „Blaue Saal" im Haus Atlantis. Foto 1931

Das Roseliushaus erhielt nach dem Kriege seinen stilwidrigen Giebel von 1928 zurück. Das Innere des Museums ist jedoch eine erstrangige Sehenswürdigkeit. Links die von Runge und Scotland 1924/26 errichteten Gebäude. Foto 1989

Oben: Das einzige Haus der Böttcherstraße mit überwiegend älterer Substanz des 16. Jahrhunderts war das Roseliushaus, das als Gehäuse für die Kunstsammlungen von Roselius diente. Es wurde am 6. Oktober 1944 zerstört. Foto Cüppers

Links: Nachdem Senat und Bürgerschaft 1977/78 beschlossen hatten, daß auch in Bremen aus der Spielleidenschaft finanzielle Vorteile geschöpft werden sollten, wurde eine „Bremer Spielcasino Betriebsgesellschaft mbH", dann „Bremer Spielcasino GmbH + Co.KG" gegründet, die am 12. Januar 1980 im Haus Robinson in der Böttcherstraße ein Casino eröffnete. Foto aus der Eröffnungszeit 1980; rechts stehend der damalige Innensenator Helmut Fröhlich.

Der enge nördliche Teil der Böttcherstraße, links das Paula-Becker-Modersohn-Haus Hoetgers, rechts die von Runge und Scotland entworfene Häuserzeile. Foto 1989

Die östliche Altstadt – das Schnoorviertel, die Johanniskirche, die Tiefer

Der östliche Teil der Altstadt lag früher im Schatten der Entwicklung. Dennoch gab es hier einige Sehenswürdigkeiten. Zu ihnen gehörte die gotische Johanniskirche (seit 1823 katholische Gemeindekirche) mit ihrem prächtigen Backsteingiebel. Sie ist der Rest einer Klosteranlage, die sich bis 1834 erhalten hatte und verschiedenen Zwecken, u.a. als Krankenhaus, diente.

Seit einigen Jahrzehnten überstrahlt in der Nähe der Schnoor als Sehenswürdigkeit alles andere. Es handelte sich früher um ein Handwerkerviertel, das im 19. Jahrhundert herunterkam und den Zweiten Weltkrieg einigermaßen unversehrt überstand. Administrative Maßnahmen (Schnoor-Statut) und Werbung schufen hier „aus dem Nichts" eine Attraktion, die aus kleinen alten und neuen – im Stil angepaßten – Häusern und verwinkelten Gängen mit Wohnungen sowie kleinen Läden und Gaststätten besteht. Ein populäres Denkmal ist hier die künstlerisch unbedeutende Figur des Pilgerheiligen Jacobus Major („Juxmajor"), die wohl um 1500 entstand und am Jacobi-Witwenhaus angebracht war und sich heute in einer Nische am Packhaus in der „Wüstenstätte" befindet. Das Schnoorviertel ist nicht so sehr wegen einzelner Objekte, sondern als Ensemble eine Sehenswürdigkeit.

Aus historischen Gründen ist die ehemalige Deutschordenskommende (bis 1583) mit der Heiliggeistkapelle zu erwähnen, die sich – zu einem Packhaus umgebaut – noch bis zum Abbruch 1958 erhalten hatte; in den Gewölben der Unterkirche befindet sich heute eine Gaststätte. Beachtung fanden zudem gelegentlich das große Gebäude in der Dechanatstraße von 1872/73, in dem früher das Alte Gymnasium und die Oberrealschule untergebracht waren, sowie die unauffällige jüdische Synagoge mit dem Gemeindehaus (Rosenakhaus) in der früheren Garten-, jetzigen Kolpingstraße, die vor allem wegen der Brandstiftung in der „Reichskristallnacht" 1938 ins allgemeine Bewußtsein rückte. Zu erwähnen ist weiterhin das ehemalige Landherrnamt des Architekten Alexander Schröder von 1856/57, das heute der katholischen Gemeinde gehört und vor dem eine Gedenktafel für die „Reichskristallnacht" aufgestellt wurde.

Früher war auch die „Tiefer" an der Weser eine durchaus beachtliche Straße: Hier gab es bis ins 19. Jahrhundert Giebelhäuser mit Utluchten, dann den Zollschuppen von 1857/59, von dem sich heute nur noch die Arkaden an der Weserpromenade erhalten haben, Ecke Wachtstraße das repräsentative Gebäude der Gesellschaft „Union" des Architekten Albert Dunkel von 1903 und Ecke Balgebrückstraße ein Gebäude von 1909, das Staatsarchiv und Standesamt aufnahm. Alle diese Häuser fielen den Bomben des Zweiten Weltkriegs zum Opfer.

Das Johanniskloster, das um 1240 von den Franziskanern gegründet wurde. Die Hallenkirche mit dem Dachreiter entstand im 14. Jahrhundert. Das Gebäudeviereck links enthielt einen Kreuzgang, rechts (östlich) daneben Wirtschaftsgebäude. Nach der Auflösung des Klosters 1528 diente die Anlage als Krankenhaus und Altenheim; 1834 wurden die Gebäude bis auf die Kirche, die 1623-1802 reformierten Flüchtlingen und seit 1823 den Katholiken als Gotteshaus gedient hatte, abgerissen. Zeichnung Heinbach 1734

Eine der ganz seltenen Darstellungen von Innenräumen des Johannisklosters; sie zeigt sowohl die ursprünglich qualitätvolle gotische Architektur als auch die Verschandelung durch Umbauten (Einbau von neuen Fenstern und Zwischenwänden) und den schlechten Zustand der Gewölbe. Zeichnung von H. Rauschenberg, die kurz vor dem Abriß am 28. April 1834 angefertigt wurde

Die gotische Johanniskirche von Osten mit der Straße Langewieren, die noch einen großen Teil ihrer altertümlichen kleinen Häuser mit Dacherkern bewahrt hat. Photogravure nach Zeichnung von Wiegandt, 1890

Im Juni 1942 verlor St. Johannis durch Brandbomben den Dachstuhl. Er wurde 1952/53 erneuert, 1965 wurde auch der Dachreiter ergänzt. Die Häuser an der Langewieren wurden mit einer vereinfachten Dachregion wiederhergestellt. Foto August 1989

Der Schnoor mit seinen Nachbargassen war zunächst vor allem von Handwerkern bewohnt, verfiel aber schon im 19. Jahrhundert zusehends; gerade dieser ruinöse Zustand wurde als romantisch empfunden. Blick nach Osten. Radierung von Bernhard Schumacher um 1900

Das Schnoorviertel war das einzige „Gängeviertel" der Alt- und Neustadt, das trotz schwerer Bombenschäden in der Substanz erhalten blieb. Blick nach Osten. Foto Köster 24. Februar 1945

Links: Die Wüstestätte als kleiner romantischer Platz, links ein Packhaus mit dem Jacobus Major, der sich ursprünglich wohl über dem Eingang des Jacobi-Witwenhauses befand. Photogravure nach Zeichnung von Wiegandt 1890

Rechts: Auch die Wüstestätte wurde durch Bomben beschädigt. Foto Köster 24. Februar 1945

Die Wiederbelebung des „Schnoorviertels" erfolgte nach einem am 3. Februar 1959 von der Bürgerschaft beschlossenen Gesetz, das eine Konservierung und Ergänzung in alter Form vorsah. Im Laufe der Zeit wurde das Viertel zu einer profitablen Touristenattraktion mit Kunstgewerbe, Läden und Gastwirtschaften. Foto August 1989

Am 6. Dezember 1963 wurde im Schnoor die vom Bildhauer Claus Homfeld geschaffene Figur „Ottjen Alldags", der Hauptperson einiger plattdeutscher Erzählungen des blinden Schriftstellers Georg Droste (gest. 1935) enthüllt. Foto 1968

Auch die Wüstestätte wurde zu einem Schmuckkästchen aufgemöbelt. Foto 1966

Der Jacobus Major, genannt „Juxmajor", früher wohl über dem Tor des Jacobi-Witwenhauses, wurde an einer Wand des Packhauses in der Wüstestätte angebracht, wo er nach 1900 eine Nische erhielt. Foto um 1935

In der Komturstraße befand sich seit etwa 1230 die Niederlassung des Deutschen Ritterordens. Die Kapelle wurde später zum Speicher, dessen Ruinen 1958 bis auf die Unterkirche (heute ein Restaurant), abgerissen. Foto 1952

Zu den bedeutendsten spätklassizistischen Gebäuden gehörte die Hauptschule (Gymnasium und Handelsschule), die 1872/73 unter Leitung des Baudirektors Alexander Schröder entstand. Foto nach 1873

Das Gebäude der Hauptschule diente seit 1906 dem Alten Gymnasium und der Oberrealschule, später u.a. dem Wirtschaftsgymnasium als Unterkunft; Kriegsschäden wurden behoben, 1963 die Pergola und ein Teil des Westflügels beseitigt. Das Gebäude wurde Jahre hindurch vernachlässigt; das Alte Gymnasium verließ das Gebäude 1987/88; ein neuer Verwendungszweck für die ganze Anlage ist nicht in Sicht; die Übernahme durch das Focke-Museum wurde angeregt. Foto April 1990

Rechts: Die Franzosenzeit 1810/13 brachte den Juden vorübergehend bürgerliche Gleichberechtigung, seit 1813 war nur noch ihr Aufenthalt zugelassen; erst seit 1848 konnten Juden Bremer Bürger werden. Die einfache Synagoge entstand erst 1876 in der damaligen Gartenstraße; 1925 wurde auch das Nachbarhaus („Rosenakhaus") von der Gemeinde übernommen. Die Synagoge wurde in der „Reichskristallnacht" (9./10. November 1938) geplündert und in Brand gesetzt. 1958 übernahm das benachbarte Kolpinghaus die Ruine und betrieb den Wiederaufbau. Foto vor 1938

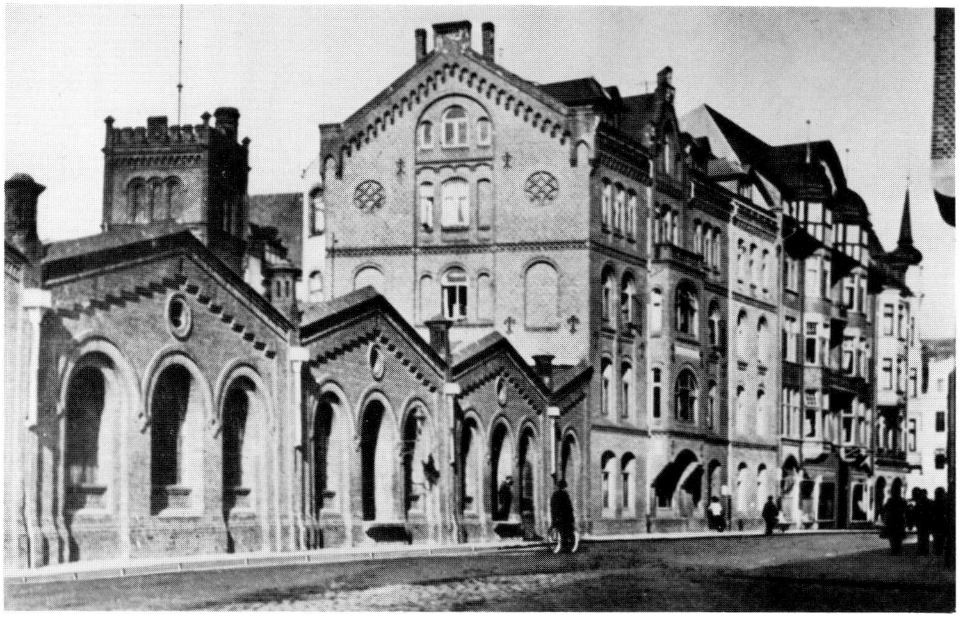

Links: Der Zollschuppen (links), der zur Weser hin Arkaden besaß, entstand 1857/59; die hohen Gebäude rechts davon verdrängten 1902 Giebelhäuser des 17. Jahrhunderts. Foto um 1935

Das Landherrnamt in der Dechanatstraße wurde 1856/57 vom Baudirektor Alexander Schröder erbaut und gehört heute der katholischen Gemeinde. Davor steht jetzt eine schlichte Tafel, die an die Judenverfolgung in Bremen erinnert. Foto April 1990

Links: Das Gebäude der „Union", einer Gesellschaft für Kaufleute, die kulturelle Veranstaltungen und Fortbildungslehrgänge förderte, wurde 1903 durch den Architekten Albert Dunkel gebaut. Im Innern befanden sich mehrere dekorative Säle und Gesellschaftsräume. Das Haus wurde ein Opfer der Bomben des Zweiten Weltkrieges. Ansichtskarte 1917

Das äußerlich so einfache Synagogengebäude hatte einen gründerzeitlich ausgestatteten Innenraum, der am 9./10. November 1938 zerstört wurde. Foto vor 1938

Langenstraße – Obernstraße

Als Hauptstraße Bremens galt zunächst die Langenstraße, die in der Nähe des Balge- und Schlachtehafens lag. Sie zeichnete sich durch einige prächtige Giebelhäuser im Renaissancestil aus, von denen die Stadtwaage und das Essighaus die bedeutendsten waren. Auch im 19. Jahrhundert gab es hier noch manches architektonisch wertvolle Kontorhaus.

Die Obernstraße gewann seit dem 18. Jahrhundert an Bedeutung und hatte noch über die Mitte des 19. Jahrhunderts hinaus eine geschlossene Reihe vornehmer alter Häuser; dann aber entwickelten sich hier große Ladengeschäfte, schließlich auch Warenhäuser, und das führte zur Zerstörung des alten Bildes. Der üppige Stil der Gründerzeit bestimmte nun die Straße, in der es zwar nicht an architektonisch bedeutenden Bauten, wohl aber an Sehenswürdigkeiten fehlte. Die Zerstörungen des Zweiten Weltkrieges und der vom Kommerz bestimmte Wiederaufbau führten zu einer Geschäftsstraße, wie es sie in vielen anderen Städten gibt.

Die prunkvollste Renaissancefassade Bremens besaß das „Essighaus" von 1618, das seinen Namen entweder von einer Familie Esich oder von einer Essigfabrik hatte, die sich 1838 im Haus befand. Eine gründliche Restaurierung erfolgte 1897. Im Innern wurde ein Restaurant mit prächtigen Räumen eingerichtet, dessen Name jetzt „Alt-Bremer Haus" war. Photochrom um 1890

Der „große Saal im Alt-Bremer Haus", der im Renaissancestil rekonstruiert wurde, Holzstich 1898

Am 16. Dezember 1943 brannte das Essighaus aus, die Mauern stürzten beim Luftangriff vom 6. Oktober 1944 ein. Foto Otto Borchers um 1946

Die Stadtwaage von 1586/88, die möglicherweise von Lüder von Bentheim erbaut wurde, ersetzte einen gotischen Vorgängerbau. Die Zeichnung stellt das Gebäude mit mißratener Perspektive dar, deutet aber die Zweckbestimmung an. Zeichnung von J. D. Heinbach 1759

Beim Wiederaufbau des Essighauses 1956 durch die Architekten Wortmann und Schott entschied man sich für eine höchst unglückliche Lösung: Unten wurden Utluchten und Portal wiederhergestellt, darüber entstanden neue Backsteingeschosse und als Bekrönung fügte man Teile des klassizistischen Giebels vom abgetragenen Cäsarschen Haus am Domshof hinzu. Foto 1989

Der Waagebetrieb vor der Stadtwaage fand auf einer Wiegefläche statt, auf die die Wagen fahren konnten. Die Inanspruchnahme ging am Ende des 19. Jahrhunderts stark zurück. In den einzelnen Stockwerken befanden sich Lagerräume. Es überrascht, daß die Stadtführer dieser Zeit das prächtige Gebäude nicht als Sehenswürdigkeit erwähnten. Foto nach 1893

In der Stadtwaage befand sich seit 1927 die Sendeleitung der Norddeutschen Rundfunk AG (Norag), später der Reichsrundfunk GmbH. Am 6. Oktober 1944 wurde das Gebäude durch Bomben zerstört; dabei stürzte auch der Giebel ein. Der Wiederaufbau begann 1953, zog sich jedoch lange hin, bis die Sparkasse in Bremen das Grundstück übernahm. Die Arbeiten 1959-61 standen unter der Leitung des Denkmalspflegers Dr. Stein sowie der Architekten Heuer und Anker. Die Rückseite wurde nach den Entwürfen Dr. Steins neu gestaltet. Seither befindet sich im Gebäude eine Sparkassenfiliale. Foto August 1989

Um die Mitte des 19. Jahrhunderts hatte die Obernstraße noch geschlossene Reihen von aufwendigen Giebel- und Traufenhäusern. Auf der Straße sieht man bekränzte „Klosterochsen", die zum besten des Krankenhauses im Johanniskloster versteigert wurden. Im Hintergrund die alte Börse und der Domturm. Lithographie nach Zeichnung von F.W. Kohl, um 1846

Die Obernstraße hatte sich am Ende des 19. Jahrhunderts zur attraktiven Laden- und Geschäftsstraße entwickelt. Links sieht man das angesehene jüdische Juweliergeschäft J. Fischbein jun. Das große Nachbarhaus beherbergte das ebenfalls jüdische Textilhaus Heymann & Neumann; der Neubau entstand 1910/11 durch die Architekten Behrens & Neumark. Daneben lag das „Lichtspielhaus". Der Karstadt-Block fehlte noch. Im Hintergrund das Rathaus und die beiden neuen Domtürme. Foto 1912

Links: Im Zweiten Weltkrieg wurde die Obernstraße von Bomben schwer getroffen. Links sieht man das 1934 von Gustav Cords übernommene Textilhaus Heymann & Neumann, rechts das zerstörte Haus der Geschenkartikelfirma Gebr. Schlotte. Das Foto zeigt Sträflinge bei Aufräumungsarbeiten nach dem Luftangriff vom 20. Dezember 1944. Foto Cüppers

Rechts: Der Wiederaufbau der Obernstraße nach 1945 schuf eine Geschäftsstraße, die sich architektonisch nicht von ähnlichen Straßen in anderen Städten unterscheidet. Das neue Bremer Carree ersetzte das 1959/60 gebaute Warenhaus Hertie, das seinerseits auf dem Areal der alten, 1944 zerstörten Ansgariikirche stand. Foto August 1989

Oben: Das schmale Haus des Textilgeschäfts Löwenström, rechts davon ein altes Giebelhaus, auf dessen Areal mit dem des Nachbarhauses um 1880 ein größeres Geschäftshaus (Aussteuergeschäft Fedder und andere Firmen) entstand. Alle diese Grundstücke nahm 1928 der Karstadt-Block in Anspruch. Lithographie um 1845

Unten: Ecke Obernstraße/Sögestraße: Links ein Haus aus dem Anfang des 19. Jahrhunderts mit dem Juweliergeschäft Brinkmann & Lange, das 1928 in ein Gebäude rechts der Sögestraße umzog, um den Bau des Warenhauses Karstadt zu ermöglichen. Foto um 1900

Unten: Der große Block des Warenhauses Karstadt der Architekten Behrens und Neumark 1928/30 war in seiner Entstehungszeit sehr umstritten; er hatte keine Giebel, war mit Sandstein verkleidet und dominierte seine Umgebung. Der Karstadtbau überlebte in seiner Substanz den Zweiten Weltkrieg und wurde in alter Form wiederhergestellt. Abbildung in der Weser-Zeitung 18. Januar 1930

St. Ansgarii und Umgebung

Die Ansgariikirche war nicht so sehr wegen der Qualität ihrer Architektur des 13./14. Jahrhunderts eine Sehenswürdigkeit, sondern wegen ihres hohen Turms mit der barocken Haube, durch das Grabmal des 1304 erschlagenen Arnd von Gröpelingen (heute im Focke-Museum) und durch die Tatsache, daß der Augustinermönch Heinrich von Zütphen in einer Kapelle die erste evangelische Predigt hielt. Es war ein schwerer Verlust für das Stadtbild, daß der Turm am 1. September 1944 zusammenstürzte und die Ruinen der Kirche 1959 aufgrund von ökonomischen Überlegungen dem Bau eines Warenhauses weichen mußten. Ein künstlerisch bedeutendes Marmordenkmal Erzbischof Ansgars von Carl Steinhäuser stand 1865-1940 vor der Ansgariikirche.

Das ehemalige Wandschneider-, Krameramts- und spätere Gewerbehaus von 1618 gehört mit seiner üppigen Renaissancefassade zu den bedeutendsten norddeutschen Zunfthäusern, wurde aber von den älteren Stadtbeschreibungen keineswegs als solches gewürdigt; es hatte auch sehenswerte, 1861 umgebaute Innenräume. Der Zerstörung am 6. Oktober 1944 folgte 1959 ein Wiederaufbau.

Andere Gebäude am Ansgariikirchhof wie die Klubs „Erholung" und „Geselligkeit" sowie die „Lesehalle" wurden in den Stadtführern des 19. Jahrhunderts nur wegen ihrer Bildungsfunktion genannt. In der Nachbarschaft gab es einige ältere „Sehenswürdigkeiten", die ebenfalls wegen der damit verbundenen Institutionen genannt wurden: Das Haus Seefahrt von 1661 am Brill mit seinem Barockportal und malerischen Innenräumen, das 1874 abgebrochen wurde, die gotische Nikolai-Kapelle am Brill, in der 1599 das Rote Waisenhaus, später das Witwenhaus untergebracht wurde und das schlichte Waisenhaus, das von 1817 bis 1904 an der Hutfilterstraße stand. Südlich von der Ansgariikirche lag an einem kleinen Friedhof die gotische St. Jacobikapelle, von der seit dem Ende des 17. Jahrhunderts nur noch der Chor stand, der 1861 in eine stimmungsvolle Gaststätte umgewandelt wurde; der Zweite Weltkrieg hinterließ eine Ruine, die ohne Notwendigkeit 1960 abgerissen wurde. Neben der Jacobihalle stand ein Brunnen mit einer Jacobusfigur.

Eine besonders auffällige Sehenswürdigkeit war seit 1910 das Verwaltungsgebäude des Norddeutschen Lloyd mit seinen reich verzierten Fassaden und seinem markanten Turm. Bombenschäden hinterließen einen immer noch imposanten Torso, der dann aber 1958 abgerissen wurde, um einem Warenhaus Platz zu machen. Neue Sehenswürdigkeiten sind Ansgarii- und Lloydpassage.

Links: Die älteste Darstellung des Grabsteins, der dem 1304 erschlagenen Patrizier Arnd von Gröpelingen in der Ansgariikirche gesetzt wurde. Die kleine Figur hinter dem Kopfkissen wurde als jener Knecht gedeutet, der seinen Herrn zu decken suchte und dabei umkam. Aquarell in der Renner-Chronik 1583

Das Grabmal Arnd von Gröpelingens wurde aus der 1944 zerstörten Ansgariikirche geborgen und ins Focke-Museum überführt. Foto 1966

Rechts: St. Ansgarii von der Westseite, davor das Ansgardenkmal Carl Steinhäusers von 1865. Das Bild zeigt, daß der Ansgariikirchhof in jener Zeit mit Bäumen und Büschen bepflanzt war. Die Vorlage für den Farbendruck von 1867 schuf der Bremer Maler und Radierer Christian Grabau

Oben: St. Ansgarii war die malerischste Kirche Bremens und hatte den höchsten Turm. In einer Kapelle fand 1522 durch den Augustinermönch Heinrich von Zütphen die erste evangelische Predigt statt. An der Südseite gab es Anbauten, von denen einer ein großes Barockportal hatte. Zeichnung von J. D. Heinbach 1757

St. Ansgarii war eine gotische Hallenkirche mit z.T. noch mittelalterlicher Ausmalung, zahlreichen Epitaphien an Wänden und Pfeilern, einer Renaissance-Orgel von 1611 und einem Altarbild von J. H. W. Tischbein. Foto um 1915

Das Ansgardenkmal Carl Steinhäusers, das 1861 entstand und 1865 vor der Ansgariikirche aufgestellt wurde, zeigt den Erzbischof und „Apostel des Nordens", wie er einem Heiden das Joch abnimmt. Das Denkmal wurde 1940 beim Bau eines Tiefbunkers entfernt und 1944 zerstört. Foto 1867

Vor der Ansgariikirche entstand 1940 ein großer Luftschutzkeller; dadurch und durch Bombenerschütterungen wurde die Statik der Kirche angegriffen, so daß der Turm am 1. September 1944 zusammenbrach und ins Kirchenschiff stürzte. Foto Cüppers

Dem üppigen Äußeren entsprach auch das Innere des Gebäudes; so war das Haupttreppenhaus mit seinen Galerien und einem hellen Oberlicht zu einer riesigen Halle gestaltet. Foto um 1910

Die bedeutende Reederei Norddeutscher Lloyd plante am Ende des 19. Jahrhunderts ein repräsentatives Verwaltungsgebäude an der Papenstraße in der Nähe der Ansgariikirche. Architekt war Johann Poppe, der eine Vorliebe für einen prunkvollen Stil hatte. Bis 1910 entstand ein riesiges Gebäude mit Neo-Renaissance-Giebeln und einem 75 Meter hohen Turm, der dem Stadtbild einen neuen Akzent verlieh. Farbdruck 1910

Das Gebäude des NDL wurde 1942 an die Deschimag verkauft, erhielt mehrere Bombentreffer, wurde aber nicht völlig zerstört. Der Torso wurde nach 1945 von mehreren Firmen und Behörden genutzt, 1968/69 aber abgebrochen, um dem Warenhaus Horten Platz zu machen. Foto 1965

Der Turm des Lloydgebäudes verlor zwar sein Dach, überstand aber sonst den Bombenkrieg; seine Wiederherstellung wurde nicht erwogen; 1949 wurde die Eisenkonstruktion der Spitze zwar gesichert, der Turm dann aber 1953 abgetragen. Foto 1953

Unten: Das Gewerbehaus am Ansgariikirchhof wurde 1618 von den Wandschneidern erbaut, diente aber auch als „Kost- und Hochzeitshaus". Es ging 1685 an das Krameramt und 1861 an die Gewerbekammer. Es hatte zwei Portale. Lithographie nach Zeichnung von F. W. Kohl um 1846

Oben: Nach der Übernahme durch die Gewerbekammer 1861 erfolgte 1862/63 ein Umbau des Gewerbehauses, der zwar vor allem die Innenräume betraf, doch wurde nun auch das linke Portal beseitigt und das rechte prunkvollere in die Mitte gerückt. Der große oder Königssaal im Nordteil enthielt einen Bilderfries mit 26 Darstellungen zur Entwicklung des menschlichen Geistes. Holzstich 1865

Rechts: Das Gewerbehaus fiel am 6. Oktober 1944 den Bomben zum Opfer. Die Giebel stürzten ein, nur die Umfassungsmauern blieben übrig. Foto Cüppers

An der Nordseite des Ansgariikirchhofs waren nach dem Kriege zunächst nüchterne Geschäftshäuser entstanden. Dann baute man 1979/81 einen anspruchsvollen Komplex mit Büros, Wohnungen und Geschäften: die Ansgariipassage. Finanzieller Träger war die Vesicherungsgruppe „Deutscher Lloyd" in München, Baubetreuer und Generalpächter die „Neue Heimat Städtebau". 1993 wurde der gesamte Gebäudekomplex mit Innenhof modernisiert, da die Kunden die bisherige Präsentation nicht angenommen haben. Foto Mai 1990

Die Reste des Gewerbehauses wurden 1951 bis zum Fries über dem Erdgeschoß gesichert, 1955 kamen das Obergeschoß und ein provisorisches Dach hinzu, 1959 wurden die prächtigen Giebel rekonstruiert. Foto August 1989

Die Große Hundestraße war zunächst vom handwerklichen Mittelstand bewohnt und im 19. Jahrhundert in Verfall begriffen. Nach und nach wurden Teile in die großflächige Bebauung mit Geschäftshäusern, so 1928/30 durch den Karstadt-Block, einbezogen. Foto 1912

Die Große Hundestraße und die Kreyenstraße wurden im Zweiten Weltkrieg größtenteils zerstört. Die neue Bebauung, etwa durch eine Hochgarage, die Erweiterung des Karstadtbaus und kleine Läden war ohne architektonische Qualität. Um die Attraktivität der Innenstadt zu erhöhen, wollten 1984 einige Anlieger die Straßen mit einem Glasdach überwölben; aber erst Anfang 1986 fiel die Entscheidung; die Einweihung der „Lloydpassage" erfolgte am 30. April 1990. Die überdachte Ladenstraße ist 220 Meter lang und 10 bis 14 Meter hoch. Die stählernen Stützpfeiler sind oben wie Bäume aufgefächert. Die Kosten beliefen sich auf 6,5 Mill. DM. Foto Mai 1990

Die Nikolaikapelle auf dem Areal des heutigen Brill wurde 1599 zum „Roten Waisenhaus" mit zwei Etagen umgebaut. Schon 1602 wurde sie für ein Witwenhaus umgewidmet. Zeichnung J. D. Heinbach 1759

Links: Die Waisen zogen schon 1602 aus der Nikolaikapelle in ein ehemaliges Beginenhaus an der Hutfilterstraße um; 1817 erhielten sie einen schlichten, aber zweckmäßigen Neubau des Maurermeisters Averdieck an der Hutfilterstraße. 1904 entstand auf diesem Areal die Sparkassen-Hauptstelle. Foto vor 1904

Die einzige bisher bekannte Darstellung des Saales im alten Haus Seefahrt, in dem auch die Schaffermahlzeiten stattfanden: Dargestellt ist eine Mineralienausstellung anläßlich der 22. Versammlung deutscher Naturforscher und Ärzte, 1844. Lithographie nach einer Zeichnung von Anton v. Lowtzow.

Das „Haus Seefahrt" wurde 1545 zur Versorgung alter Schiffer und deren Witwen gegründet. 1561 wurde ein Grundstück mit alten Gebäuden an der Hutfilterstraße gekauft. Hier entstand dann ein Neubau mit prächtigen Innenräumen und einem Barockportal (später in der Lützower Straße, heute in Grohn). Das Haus Seefahrt wurde 1874 beim Durchbruch der Kaiserstraße (heute Bgm.-Smidt-Straße) abgebrochen. Lithographie im Neuen Bremischen Haushaltungskalender, 1837

Die alte Jacobikapelle vom Ende des 12. Jahrhunderts wurde im 14. Jahrhundert zur gotischen Hallenkirche umgebaut und 1523 vom Schmiedeamt als Zunfthaus übernommen. Im 17. Jahrhundert verlor sie den Turm und das Kirchenschiff, so daß nur noch der Chor übrig blieb. 1862 wurde hier eine renommierte Gaststätte, die Jacobihalle, eingerichtet. Im Hintergrund erkennt man den Turm der Ansgariikirche. Ansichtskarte um 1902

Die Innenräume der Jacobihalle befanden sich teilweise in den Chorgewölben der alten Kapelle und waren gediegen ausgestattet. Ausschnitt aus einer Ansichtskarte 1897

Rechts: 1944 brannte die Jacobihalle aus; da die Ruine kaum noch denkmalswürdige Reste enthielt, wurde sie 1960 abgebrochen. Foto 1951

Unten: Auf dem Jacobikirchhof stand seit dem 18. Jahrhundert auf einem Brunnen eine Statue des Pilgerheiligen Jacobus minor. Sie wurde 1906 von Betrunkenen zertrümmert; der Brunnen erhielt eine Kopie, die im Zweiten Weltkrieg vom Sockel stürzte und zerbarst. Aus den Bruchstücken entstand die heutige Figur im Glockenhof. Eine weitere Kopie steht seit 1957 vor dem Neanderhaus bei St. Martini. Foto um 1889

Als die Sparkassenhauptstelle 1904 gebaut wurde, stand nur ein schmales Grundstück zur Verfügung. Der Entwurf stammte von Baurat Martens in Berlin und enthielt eine Mischung von Jugendstil und Neubarock, wobei vor allem auch die große Halle bis heute ein besonderes Schmuckstück ist. Das Äußere zeigt wegen mancher Um-, An- und Aufbauten nur noch einen Abglanz der ursprünglichen Qualität. Foto 1955

St. Stephani und die Steffensstadt

St. Stephani, ein Kollegiatstift des 12. Jahrhunderts mit einer mehrfach umgebauten Kirche war Pfarre eines eigenen Stadtviertels, das erst 1305 in den Bereich der bremischen Stadtmauer aufgenommen wurde. Die Kirche setzt bis heute im Westteil der Altstadt einen deutlichen Akzent, wurde aber nie als architektonische Sehenswürdigkeit angesehen, obwohl sie im Innern eine Orgel mit prächtigem Prospekt von 1768, wertvolle Epitaphien und Messingkronen des 17./18. Jahrhunderts enthielt. Die Bomben hinterließen nur noch die Umfassungsmauern; der Wiederaufbau übernahm alte Bauteile; die Kirche überragt immer noch die umliegenden Gebäude.

Als Sehenswürdigkeit galt der Stephanitorszwinger an der Weser, der 1522 erbaut und 1647 durch eine Pulverexplosion zerstört wurde. Reisende besuchten zudem mehrfach soziale Einrichtungen in der Steffensstadt: Das Kornhaus am Geeren, einen prächtigen Renaissancebau, der im Zweiten Weltkrieg verlorenging, das Armenhaus vom Ende des 17. Jahrhunderts (seit 1915 bis zur Zerstörung im Zweiten Weltkrieg Focke-Museum) sowie das Zucht- und Werkhaus daneben (abgebrochen 1867).

Das einzige herausragende Bauwerk der neueren Zeit war das Kaufhaus des jüdischen Unternehmers Julius Bamberger am Doventor, das 1930/32 vom Architekten Behrens-Nicolai entworfen wurde, zwar im Kern den Zweiten Weltkrieg überstand, heute aber als Behördenhochhaus völlig verschandelt ist.

Das Stephaniviertel war vor allem von „Kleinen Leuten" bewohnt und stellte mit seinen engen Straßen und verwinkelten Gängen trotz seines Verfalls eine romantische Sehenswürdigkeit dar, die von vielen Zeichnern und Malern dargestellt wurde. Der Zweite Weltkrieg hinterließ ein Ruinenfeld; der Wiederaufbau schuf zwar stellenweise solide Wohnkomplexe und einige durchschnittliche Geschäftshäuser, doch ist darunter keine Sehenswürdigkeit.

Die Stephanikirche entstand seit 1139 auf einen Dünenhügel im Westen außerhalb Bremens. Sie wurde mehrfach umgebaut, im 14./15. Jahrhundert zu einer gotischen Hallenkirche. Die Südseite zeigt einige Anbauten und zwei Portale. Aquarell vor 1754

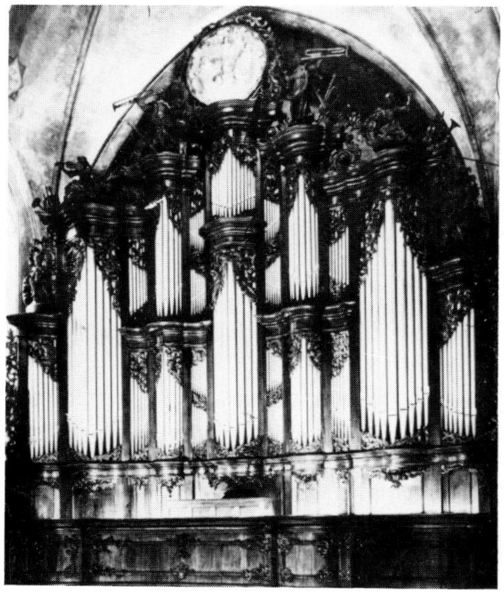

Im Innern der Kirche verdiente der prächtige Orgelprospekt von Johann Krisebecher, 1768, Beachtung. Er hat sich zwar erhalten, konnte aber wegen der flachen Decke beim Wiederaufbau 1960/65 nicht wieder verwandt werden. Foto 1936

Die Stephanikirche verlor 1754 durch Brand ihre Turmspitze; der Turm erhielt nun ein flaches geteertes Notdach. 1854/56 entstand eine neugotische Turmspitze des Architekten Jacob Ephraim Polzin. Der alte Kirchhof war durch seine Mauer und mehrere Bäume recht malerisch. Lithographie von Borchel, 1858

Die Wiederherstellung der Stephanikirche 1960/65 übernahm die Reste, die teils aus dem Mittelalter, teils aus dem Haaseschen Umbau zur neuromanischen Basilika 1888/91 stammten. Das südliche Seitenschiff wurde jedoch nicht wieder hergestellt. Der Südturm erhielt einen neuen Helm. Die Kirche ist heute zwar keine architektonische Sehenswürdigkeit mehr, verleiht aber der westlichen Altstadt immer noch einen deutlichen Akzent. Foto April 1990

Der Innenraum von St. Stephani war bis 1888 eine weite dreischiffige gotische Halle. Eine besondere Zierde war der Orgelsprospekt von Johann Krisebecher, 1768. Zeichnung von J. M. David, 1813

1888/91 wurde die gotische Halle der Stephanikirche durch den Architekten Conrad Wilhelm Haase zur romanischen Basilika umgebaut, wobei auch die Westfront eine neue Gestalt erhielt. Die Bomben des Zweiten Weltkriegs hinterließen eine malerische Ruine. Foto um 1946

Links: Einer der drei Zwingertürme aus der ersten Hälfte des 16. Jahrhunderts war der Stephanitorszwinger an der Weser. Er wurde 1647 bei einer Pulverexplosion zerstört. Ausschnitt aus der Vogelschau von Merian, um 1640

Rechts: Der prächtige Renaissancegiebel des „neuen Kornhauses" am Geeren entstand 1570/91; dabei lieferte Lüder von Bentheim dem Maurermeister Hellemann den Sandsteinzierat. Seit dem Ende des 19. Jahrhunderts waren die Kornböden an Kaufleute vermietet. Foto um 1900

Links: Der Bombenangriff vom 6. Oktober 1944 hinterließ vom Kornhaus eine Ruine, die 1951 abgetragen wurde. Foto Cüppers am 6. Oktober 1944

Zu den Großbauten der späten zwanziger Jahre gehörte das Warenhaus des jüdischen Kaufmanns Julius Bamberger am Doventor. Architekt war Heinrich Behrens-Nicolai. Die Baumaßnahmen liefen in Etappen zwischen 1925 und 1932. Bamberger floh 1937 in die Schweiz, dann in die USA. Das Gebäude ging an den Textilkaufmann Többens. Zeichnung in der Bremer Volkszeitung 1932

Das „Bamberger Hochhaus" erlitt im Zweiten Weltkrieg schwere Schäden und war schließlich nur noch ein Gerippe aus Beton und Stahl. Der Wiederaufbau zu einem Behördenhochhaus erfolgte ohne architektonischen Ehrgeiz. Foto Borchers 1946

Links: Zu den von Reisenden immer wieder genannten Sehenswürdigkeiten gehörte das Armenhaus an der Großenstraße, das bis zur Weser durchging. Es wurde 1696-1702 durch den Bremer Baumeister Hermann Brüggemann erbaut. Es war ein großes und schlichtes, doch zweckmäßig eingerichtetes Gebäude mit einem Dachreiter. Aquarell in einer Rennerchronik Anfang 18. Jahrhundert

Oben: Das Armenhaus hatte 50 Wohn- und Schlafräume, Kapelle, Speise-, Kranken- und Arbeitssäle und beherbergte etwa 200 Personen. Foto Grienwaldt 1908

Das Armenhaus mit seinen vier Flügeln gehörte zu einem größeren Komplex von Gebäuden, die sozialen Zwecken dienten: Links von ihm waren in zwei Giebelhäusern die „blauen Waisen" untergebracht, rechts lag das „Zucht- und Werkhaus", das der „Erziehung zur Arbeit" diente. Zeichnung J. D. Heinbach 1734

Das alte Armenhaus wurde 1912 an das Historische Museum, das bisher im Künstlervereinsgebäude an der Domsheide untergebracht gewesen war, überwiesen. Es erfolgte nun ein Umbau der Innenräume. 1915 wurde das Museum eröffnet. Das Bild zeigt die reichhaltige Schiffahrtsabteilung vor dem Umbau 1925. Foto

Das Focke-Museum wurde im Zweiten Weltkrieg mehrmals beschädigt und schließlich ganz zerstört. Der größte Teil der Sammlungen konnte rechtzeitig ausgelagert werden. Foto August 1944

Das Zucht- und Werkhaus, das zunächst der Erziehung von „Außenseitern" unterschiedlicher Kategorien zu nützlicher Arbeit diente, wurde im 19. Jahrhundert zum Zuchthaus im Sinne einer Strafanstalt. Im Anfang des 18. Jahrhunderts handelte es sich um kleine Gebäude mit einem ummauerten Hof, in der zweiten Hälfte des 18. Jahrhunderts aber um einen zweistöckigen Zuchthausbau, der bis zum Abbruch 1866 bestand. Kolorierte Zeichnung von Giselher von Warneck um 1750

Links: Die Kl. Krummenstraße war eine der malerischsten Gassen im Kleineleuteviertel von St. Stephani. Die Häuser wurden um 1600 gebaut, verfielen im 19. Jahrhundert und wurden teilweise von ihren Bewohnern verlassen. Die Gebäude fielen 1944 den Bomben zum Opfer. Steindruck E. Schaefer um 1909

Oben: Einer der Gänge im Stephaniviertel mit kleinen verfallenen Häusern. Steindruck von E. Schaefer um 1909

Ein Teil des Stephaniviertels ging schon in der Nacht vom 11. zum 12. Mai 1941 in Flammen auf. Die Aufnahme wurde von der damaligen „Adolf-Hitler-Brücke" (heute Stephanibrücke) gemacht, von der man links eine der Ampeln sieht. Foto 12. Mai 1941

Ein Teil des Stephaniviertels wurde abgebrochen, als 1939 die Zufahrten zur „Adolf-Hitler-Brücke" (heute Stephanibrücke) gebaut wurden; die Luftangriffe brachten dann eine großflächige Zerstörung. Das Bild zeigt eine Szene nach dem Abwurf von britischen 10-Tonnen-Bomben. Foto Köster 24. März 1945

Der Wall vom Oster- bis zum Stephanitor

Immer wieder bewunderte Sehenswürdigkeiten waren Stadtmauer und -tore sowie Festungswall und -graben, die zwar in ähnlicher Weise jede größere Stadt besaß, aber in Bremen besonders imposant waren und durch Belagerungen – wie die von 1547 und 1666 – historische Berühmtheit erlangten. Auch nach der Entfestigung seit 1803, als die „Wallanlagen" gärtnerisch gestaltet wurden, gehörte dieser Grüngürtel um die Altstadt mit Recht zum Programm jedes Bremen-Besuchers, zumal man auf einem Rundgang mehrere Kostbarkeiten betrachten konnte.

Am Ostertor verschwand das malerische Ensemble der Glocke (Torgebäude) und des Ostertorszwingers zwar 1828 bzw. 1826, doch traten 1828 schlichte und dennoch reizvolle klassizistische Torgebäude an die Stelle (eins davon beherbergt heute das Gerhard-Marcks-Museum), und seit 1849 gab es in unmittelbarer Nähe die im Laufe der Zeit mehrfach umgebaute Kunsthalle. Auf einer Bastion am Ostertor, der Altmannshöhe, stand bis 1893 eine Windmühle, an deren Stelle ein bis heute umstrittenes Gefallenen-Ehrenmal und daneben ein Gefangenen-Ehrenmal von Herbert Kubica errichtet wurden (1935 und 1934). Stadtauswärts entstand 1912/13 der Musentempel des Schauspielhauses (heute Staatstheater). Ecke Ostertorstraße/Am Wall erhob sich seit 1830/31 zunächst die „Union", ein Gesellschaftshaus mit großem Konzertsaal, dann seit 1905/08 die Trutzburg des Polizeihauses, das der Berliner Architekt K. Börnstein entwarf; es hat sich – abgesehen von den beiden dekorativen Giebeln – bis heute erhalten. Auf der Bastion davor stand 1792-1843 die Holzfachwerkkonstruktion des ersten Schauspielhauses, an dessen Stelle sich seit 1850 die Marmorstatue des Astronomen und Arztes Wilhelm Olbers von Carl Steinhäuser erhebt. Am Ostertor hat sich also im Laufe der letzten 200 Jahre vieles verändert, immer aber gab es hier mehrere Sehenswürdigkeiten, die bis zum Zweiten Weltkrieg ein malerisches Ensemble ergaben, das heute aber durch mancherlei Eingriffe schwer geschädigt ist.

Ging man auf dem Wall westwärts, gelangte man auf der Höhe der Bischofsnadel an das Stadt- und spätere Staatstheater, das 1843 errichtet, mehrfach umgebaut und 1944 durch Bomben weitgehend zerstört wurde. Die Ruine wurde abgetragen und an ihrer Stelle ein Garten angelegt.

Am Fuße des Theaterberges steht seit 1901 ein künstlerisch bedeutendes Bronzestandbild: der Rosselenker von Tuaillon. Am Herdentor war früher das Torgebäude eine Sehenswürdigkeit: Hier war eine Wappentafel von 1562 eingelassen, und auf dem Torgewölbe erhob sich seit 1673 das Standbild eines Landsknechts. Am Herdentor waren das Haus der Loge „Friedrich Wilhelm zur Eintracht" und das mehrfach umgebaute „Hillmanns Hotel" beachtliche Bauten. Heute bietet die Partie am Herdentor keinen architektonischen Reiz mehr.
Hin und wieder lenken die Stadtführer aber den Blick auf Carl Steinhäusers Marmorvase von 1854 mit einer Darstellung des Klosterochsenzuges und vor allem über den Stadtgraben hinweg auf die 1898 nach einem Brand erneuerte Windmühle mit dem bunten Blumenteppich davor. Ein qualitätvolles Monumentalgebäude entstand 1928/32 an der Herdentors Contrescarpe: Das Verwaltungsgebäude des Nordwolle-Konzerns (Architekten E. und H. Gildemeister), das nach dem Konkurs der Firma von der Finanzverwaltung übernommen und nun „Haus des Reichs" genannt wurde.

Der Spaziergang auf dem Wall weiter westwärts führte weiter zum hochragenden Kriegerdenkmal von 1875, das bis zum Abbruch für die „Führerspende" 1942 durchaus einen markanten Blickpunkt darstellte. Dasselbe galt im 17. Jahrhundert für die exotische Windmühle auf dem Doventor und später für die beiden Holländermühlen auf Bastionen am Doventor (zerstört 1943) und am Stephanitor (abgebrannt 1911).

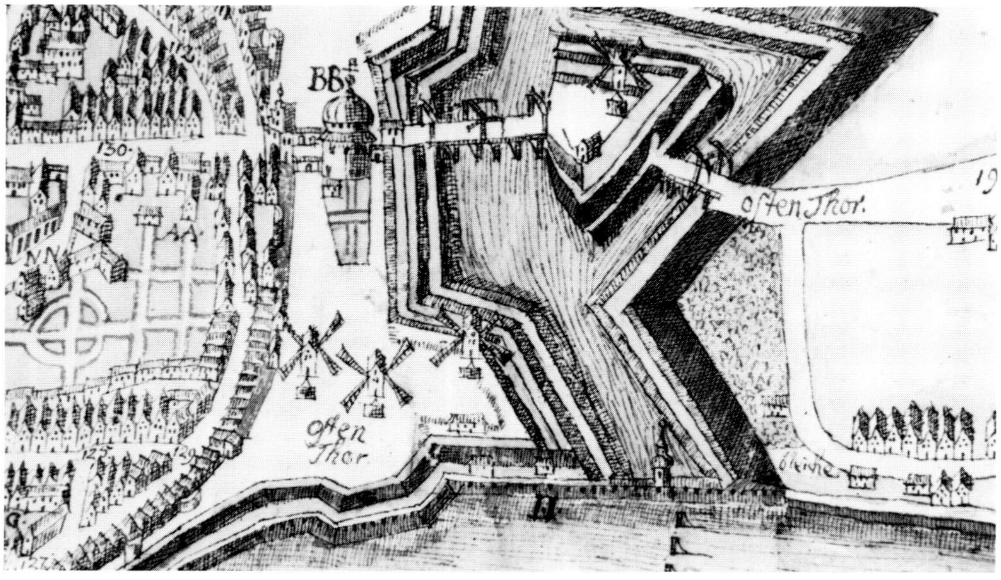

Die Stadttore Bremens wurden bei der Anlage von Bastionen im Laufe des 17. Jahrhunderts besonders stark befestigt, wobei sich alte und neue Anlagen mischten. Das Ostertor war sehr malerisch: Aus dem Spätmittelalter bzw. der ersten Hälfte des 16. Jahrhunderts stammten das Tor der alten Mauer, die „Glocke" und der Ostertorszwinger unmittelbar daneben. Die Wallbefestigung des 17. Jahrhunderts war hier durch ein Ravelin im Stadtgraben verstärkt. Man mußte zwei Zugbrücken überqueren. In den Bastionen standen Bockmühlen, die die Wallanlagen durchaus belebten. Ausschnitt aus einem 1757 von J. D. Heinbach gezeichneten Stadtplan

Nach der Entfestigung Bremens 1803 blieben mehrere Windmühlen in den Wallanlagen stehen, eine davon auf der Altmannshöhe, die inzwischen zur Holländermühle umgebaut war. Im Hintergrund der Altenwall. Lithographie Frey & Co./Frankfurt a.M. 1865

Die Mühle auf der Altmannshöhe wurde 1818 gebaut. 1893 von der Stadt aufgekauft und dann abgerissen. Nach mehrjähriger Diskussion entstand hier das Denkmal für die Gefallenen des Ersten Weltkrieges mit Ringmauer, Namenssteinen und einem Standbild, das eine Mutter darstellte. Der Entwurf stammte vom Bildhauer Ernst Gorsemann und vom Architekten Wiepking. Die Einweihung erfolgte 1935. Im Zweiten Weltkrieg erlitt das Denkmal Schäden, Namenssteine von „NS"-Blutzeugen wurden entfernt; das Denkmal blieb aber umstritten. Foto Cüppers vom 13. Oktober 1935

Das Kriegsgefangenen-Ehrenmal von Herbert Kubica am Fuß der Altmannshöhe, das 1934 eingeweiht wurde, hat durchaus künstlerische Qualitäten. Es zeigt zwei Jünglinge gedrückt unter einer schweren Platte. 1951 wurde das Denkmal den Gefangenen beider Weltkriege neu geweiht. Foto 1934

Das Ostertor der mittelalterlichen Stadtmauer und der Ostertorszwinger von 1512/14, der 1624 seine oberen Stockwerke durch eine Pulverexplosion verloren hatte. Es ist sehr zu bedauern, daß dieses malerische Ensemble im Rahmen einer Modernisierung des Stadtbildes 1828 bzw. 1826 beseitigt wurde. Lithographie nach Zeichnung von F. G. Stöver vor 1826

Die mittelalterliche Enge des Ostertors weitete sich nach dem Abbruch von Glocke und Zwinger 1826/28; zunächst gab es ein kleines Torhaus, dann aber entstanden 1835 zwei repräsentative Torgebäude im Stil griechischer Tempel, wobei das rechte (nördliche) lange Zeit als Polizeigefängnis diente. Baumeister war Moritz Stamm. Foto um 1900

Das Polizeihaus des Architekten K. Börnstein wurde 1908 bezogen. Die wuchtige Schauseite war aufgelockert durch Giebel im Neo-Renaissance-Stil und einem Dachreiter auf hochragendem Dach. Foto 1912

Unten: Die beiden Torwachen haben sich b
heute erhalten, die linke beherbergt seit 1970 d
Gerhard-Marcks-Museum. Die rechte diente la
ge als Gefängnis; hier saß u.a. die Giftmischeri
Gesche Gottfried vor ihrer Hinrichtung 1831 ei
1993 sollen die darin untergebrachten Arresta
ten und die Hundestaffel der Polizei in eine K
serne verlegt werden. Das Gebäude wird dann a
Museum für den Bremer Designer Wilhelm W
genfeld eingerichtet. Das Polizeihaus (im Hinte
grund) verlor im Zweiten Weltkrieg Giebel d
Schauseite. Foto April 1970

Am Ostertor lagen früher zwei sehenswerte Bauwerke: Links die Kunsthalle, die 1847/49 erbaut wurde, und rechts die „Union" des gleichnamigen kaufmännischen Vereins mit Konzertsälen, Klubräumen, Bibliothek und Restauration von 1830/31. Im Hintergrund die Holländermühle auf der Altmannshöhe. Stahlstich von Kurz nach einer Zeichnung von Gottheil 1862

Mehrere bedeutende Schenkungen seit 1898 ermöglichten den großen Umbau der Kunsthalle, der 1902 abgeschlossen war. Architekt: Albert Dunkel. Die Kunstsammlungen gewannen durch zahlreiche Schenkungen von Gemälden und Grafik hohen Rang. Ansichtskarte um 1910

Das Treppenhaus der Kunsthalle nach dem Umbau von 1902. Foto Breuer/Hamburg

Unten: Die Kunsthalle überstand den Zweiten Weltkrieg; die Sammlungen hatten zwar in der Auslagerung einige Verluste, doch wurden die Bestände durch glückliche Neuerwerbungen ergänzt. In den Wallanlagen vor der Kunsthalle findet hin und wieder eine Demonstration moderner Plastiken statt. Foto April 1990

Der große Saal der „Union" am Ostertor. Das Bild entstand anläßlich des Festmahls der Naturforscher und Ärzte 1844. Holzstich

Der Musentempel des Schauspielhauses am Ostertor. Architekten: Abbehusen und Blendermann. Das von Wiegand und Ichon gegründete Privattheater befand sich zunächst am Neustadtswall; der Neubau am Ostertor wurde 1913 eröffnet und war durch seine Experimentierfreudigkeit auch wirtschaftlich ein voller Erfolg. Foto 1913

Der für seine Zeit recht moderne und dennoch stimmungsvolle Zuschauerraum des Schauspielhauses am Ostertor. Foto um 1930

Nachdem das Staatstheater am Wall am 6. Oktober 1944 zur Ruine geworden, das Schauspielhaus am 1. August 1943 durch die Stadt übernommen worden war und am Schluß des Krieges zwar schwere Schäden aufwies, aber doch in der Substanz erhalten geblieben war, lag ein Ausbau zum „Dreisparten-Theater" nahe. Es wurde am 27. August 1950 als „Theater am Goetheplatz" mit der Aufführung von Goethes „Egmont" eingeweiht. Foto April 1990

Das erste 1792 eingeweihte Theater in Bremen am Wall in der Nähe des Ostertors war ein recht einfacher kastenförmiger Bau mit einem tempelartigen Vorbau. Er bestand bis 1843. Im Hintergrund erkennt man den Ostertorszwinger. Kupferstich von Fr. Stöber nach der Zeichnung von Radl, 1822

Unten: Das neue Stadttheater entstand 1843 als massiver Bau am Bischofstor. Es war zunächst an Unternehmer verpachtet und wurde 1856 von der Stadt übernommen. Mehrfache Um- und Anbauten ergaben einen großen unregelmäßigen Bau, der sich gut in seine parkartige Umgebung einfügte. Lithographie um 1865

Das Marmordenkmal des Astronomen und Arztes Wilhelm Olbers von Carl Steinhäuser in den Wallanlagen am Ostertor, wo bis 1843 das erste Schauspielhaus gestanden hatte; es wurde am 11. Oktober 1850 durch Bürgermeister Smidt eingeweiht. Lithographie auf einem Erinnerungsblatt „Bremen" um 1855

Das Stadttheater mit seinen Rängen in Stuck und Plüsch sah nicht nur die Aufführungen von Schauspielen, Opern und Operetten, sondern auch große Feste. Dargestellt ist der Ball des Künstlervereins im Stadttheater am 12. Februar 1861. Holzstich

Der Luftangriff vom 6. Oktober 1944 hinterließ vom Stadt- bzw. Staatstheater eine imposante Ruine, deren Aufbau möglich gewesen wäre. Man entschied sich aber 1949 für das Theater am Goetheplatz, was dann 1965 einen Abriß der Theaterruine zur Folge hatte. Heute befindet sich dort eine Gartenanlage. Foto um 1949

Der Rosselenker von Louis Tuaillon wurde der Stadt vom Ölkaufmann Franz Schütte geschenkt; er wurde 1900 gegossen und 1902 aufgestellt. Die Nacktheit des Mannes löste bei manchen Bremern Empörung aus, doch glätteten sich die Wogen sehr bald, und das bedeutende Kunstwerk wurde akzeptiert. Der mangelhaft ausgeführte Guß erwies sich als reparaturanfällig; während des Krieges stand der Rosselenker in der Kunsthalle, seit 1951 im Überseemuseum, bis er dann 1953 wieder an der alten Stelle beim Bischofstor aufgestellt wurde (seit 1986 Kopie). Foto um 1902

Rechts: Die Wettersäule am Bischofstor, auf der meteorologische Daten abzulesen waren, entstand 1882 auf Anregung des Lehrers an der Handelsschule Dr. Wilhelm Müller-Erzbach und auf Betreiben des Naturwissenschaftlichen Vereins. Der Entwurf stammte vom Architekten Friedr. Wilh. Rauschenberg. Nach dem Zweiten Weltkrieg verkam die Wettersäule und wurde 1958 abgebrochen. Foto um 1882

Das Herdentor war eins der schönsten der Stadt. Die Zugbrücke über den Stadtgraben war mit zwei barocken Torbögen geschmückt; über dem Gewölbe des Durchgangs durch den Wall stand seit 1673 ein Geharnischter, den der Volksmund mit dem schwedischen Generalissimus Wrangel identifizierte; dahinter erhebt sich das Torgebäude der alten Stadtmauer mit einem Treppengiebel. Im Hintergrund sieht man (von links nach rechts) die Türme des Doms, von Liebfrauen und St. Ansgarii. Das Tor wurde um 1803, das Gewölbe am Wall 1826 abgebrochen. Zeichnung J. D. Heinbach 1757

Rechts: Der Geharnischte, im Volksmund „Wrangel" genannt, befand sich früher über dem Gewölbe des Herdentors, später im Hof des Focke-Museums; die Wappentafel im Sockel von 1562 war im Herdentorsturm eingelassen und wird noch heute im Focke-Museum verwahrt. Ausschnitt aus einer Ansichtskarte um 1900

Der Abbruch von Gewölbe und Torturm am Herdentor führte zu einer Neugestaltung, wobei 1880 mit dem palastartigen Haus der Loge „Friedrich Wilhelm zur Eintracht" an der Einmündung der Sögestraße eine architektonische Sehenswürdigkeit entstand. Architekt war Heinrich Müller. Foto um 1895

Carl Steinhäusers marmorne Prunkvase in den Wallanlagen am Herdentor mit einer Darstellung des „Klosterochsenzuges" (Verlosung von Ochsen zugunsten des Krankenhauses im Johanniskloster nach einem Umzug) wurde 1833 entworfen und 1855 in Marmor ausgeführt. Sie hat sich bis heute unversehrt erhalten. Foto um 1900

Der Krieg hinterließ am Eingang der Sögestraße Ruinen; an eine Wiederherstellung des Logengebäudes war nicht zu denken. Die Neubauten sind keine Sehenswürdigkeiten mehr. Foto Cüppers September 1949

Nachdem Bremen mit dem Hannoverschen Bahnhof 1847 einen Eisenbahnanschluß erhalten hatte, entstanden in der Nähe Hotels, so 1849 am Herdentor Hillmanns Hotel (Architekt: Heinrich Müller) und dahinter das Hotel de l'Europe. Das Herdentor hatte hier zunächst noch eine Wache, die auf dem Bild zu erkennen ist. Lithographie von C. Hardegen um 1849

Der große Lahusen-Wollkonzern „Nordwolle" schuf sich 1928/31 in der Nähe des Herdentors ein großes Verwaltungsgebäude, das in der Erbauungszeit durch seine Größe und die Qualität seiner Innengestaltung eine Sehenswürdigkeit darstellte. Architekten: E. und H. Gildemeister. Die Nordwolle ging 1931 in Konkurs; das Gebäude fiel an die Reichsfinanzverwaltung und hieß nun „Haus des Reichs". Es hat sich bis heute erhalten. Entwurf 1927

Hillmanns Hotel wurde 1891 innen und außen dem Geschmack vornehmer Reisender der Gründerjahre angepaßt, ebenso das Hotel de l'Europe dahinter. Lithographie, Ausschnitt aus einer Ansichtskarte um 1900

Hillmanns Hotel wurde am 6. Oktober 1944 durch Bomben total zerstört. Foto Borchers um 1945

Unten: Das Ruinengelände von Hillmanns-Hotel wurde nach dem Kriege zunächst von Läden der Hillmann-Passage und von einem Kaffeehaus besetzt. 1978 war ein 63 Meter hohes Gebäude geplant, wogegen sich mit Erfolg eine Bürgerinitiative wandte. 1980 wurde das Grundstück verkauft, dann der nüchterne Backsteinbau des Plaza (jetzt Marriott-) Hotel errichtet. Foto August 1989

Die Holländermühle von 1833 zwischen Herden- und Ansgariitor war ein markantes Wahrzeichen in den Wallanlagen. Sie wurde 1891 von der Stadt gekauft, brannte am 26. März 1897 teilweise ab und wurde 1899 wiederhergestellt. Foto 1897

Die Mühle am Herdentor überstand den Zweiten Weltkrieg und ist mit den davorliegenden Blumenbeeten eine der am meisten fotografierten Sehenswürdigkeiten der Stadt. Foto August 1989

Das pathetische Kriegerdenkmal beim Ansgariitor mit dem fahnenschwingenden Soldaten und Reliefs mit Darstellungen der Schlacht von Sedan am Sockel, vom Bildhauer Carl Keil/Berlin entworfen, wurde 1875 eingeweiht und war Mittelpunkt vaterländischer Kundgebungen. Das Denkmal wurde am 6. Juni 1942 für die Metallspende abgebaut. Foto 1895

Auch das Ansgariitor war dekorativ: Die Zugbrücke von 1581 hatte drei Torbögen mit Bremer Wappen; das Gewölbe durch den Wall von 1571 war zum Prunkportal ausgestaltet; dahinter lag das Torgebäude der alten Stadtmauer mit gotischem Giebel, das lange als Schuldturm diente. Die Beseitigung des malerischen Ensembles erfolgte bei der Entfestigung 1803 und durch den Abbruch des Schuldturms 1831. Zeichnung von J. D. Heinbach 1757

Das alte Torgebäude des Doventors war im 17. Jahrhundert einige Jahrzehnte hindurch in auffälliger Weise von einer Windmühle gekrönt. Kupferstich einer Darstellung der Verteidigung Bremens gegen die Schweden 1666 von Johann Hoffmann

Rechts: Die Holländermühle am Doventor wurde 1730 erbaut, 1925 renoviert und 1930 zu einem Jugendheim eingerichtet. Am 20. Dezember 1943 fiel sie den Bomben zum Opfer. Foto F. C. Voll um 1935

Die Stephanitorsmühle von 1846, vom Dach des Hafenhauses aus gesehen. Die Mühle brannte 1911 ab. Foto 1895

Schlachte und Weserbrücken

Auf alten Gesamtansichten wurde Bremen sehr häufig, vom linken Weserufer gesehen, als Stadt am Strom dargestellt; dabei wurden einige Sehenswürdigkeiten besonders hervorgehoben, so vor allem die immer wieder umgebaute Weserbrücke mit dem Brückentor, das danebenliegende Wasserrad, dann auch die Martinikirche und im Anschluß daran die Schlachte, der alte Hafen Bremens. Weiter flußabwärts folgten seit 1875 die Kaiserbrücke (heute Bürgermeister Smidt-Brücke), die alten Packhäuser des Stephaniviertels, das Armenhaus (seit 1915 Focke-Museum) und bis 1647 der Stephanitorszwinger, weiterhin seit 1866 die Eisenbahn- und seit 1939 die Stephanibrücke (damals „Adolf-Hitler-Brücke"). Am Weserufer sah man noch bis ins 17. Jahrhundert Teile der alten Stadtmauer mit ihren Zinnen, dann aber nur noch Giebelhäuser, von denen sich viele zum Ufer vorschoben und als Packhäuser dienten. 1857/59 entstand an der Tiefer ein großer Zollschuppen mit Arkaden, die sich bis heute erhalten haben.

Die Weserfront der Altstadt hat sich im Laufe der Zeit wesentlich verändert. Die Schlachte verlor schon 1888 ihre Hafenfunktion; der Schlachtemauer wurde im Zweiten Weltkrieg eine Promenade vorgelagert; viele Pack- und Kontorhäuser wurden ausgebombt. Die Ruinen mußten neuen Geschäftshäusern weichen; die alten Holz- und Eisenbrücken wurden größtenteils durch Betonkonstruktionen ersetzt. Die Romantik an der Weser ging verloren, die Stadt ist auch hier sehr viel nüchterner geworden.

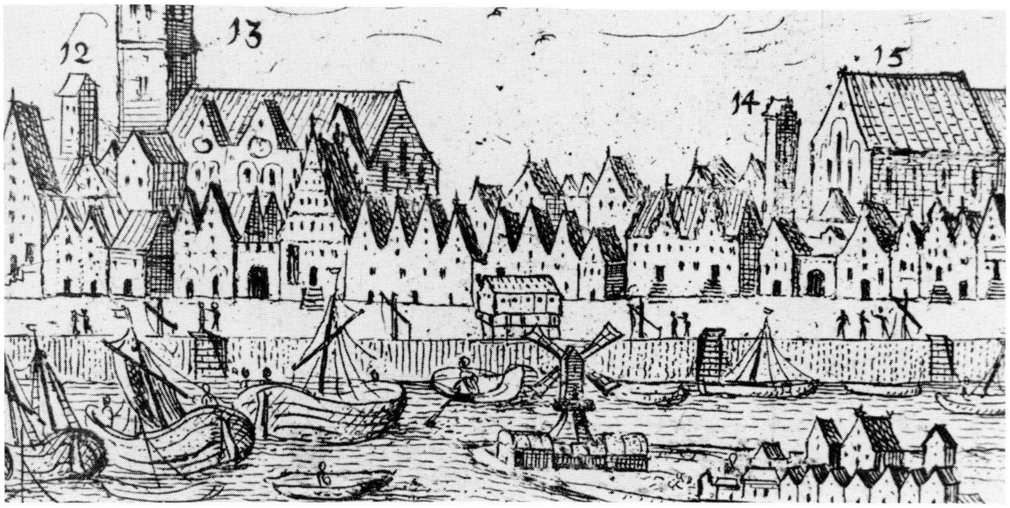

Die Schlachte war bis ins 16. Jahrhundert Anlegeplatz für Seeschiffe, war dann aber nur noch für Binnenschiffe erreichbar. Seit dem Anfang des 17. Jahrhunderts entstand eine Kaimauer aus Sandstein mit „Wuppen" zum Be- und Entladen. In Abständen gab es Treppen, über die Personen zu den Schiffen gelangen konnten. Hinter der Arbeitsfläche sieht man die Häuserreihe im Verlauf der alten Stadtmauer mit den Pforten. Ausschnitt aus der Stadtansicht von Landwehr 1661

An der Schlachte lagen im 19. Jahrhundert wegen der Versandung der Weser nur noch Kähne und gelegentlich Raddampfer. Lithographie 1865

Die beste Darstellung der Schlachte als Anlegeplatz: Links sieht man die Fähre, rechts Weserkähne, die mit einem Kran entladen werden, im Hintergrund eine Reihe von Giebelhäusern. Links die Rokokofassade des Hauses, das damals Georg Friedrich Pflüger gehörte; sie wurde 1957 auf die Sparkassenfiliale am Markt übertragen. Lithographie nach der Zeichnung von F. W. Kohl um 1845

Am Ende des 19. Jahrhunderts, als der Schiffsbetrieb an der Schlachte eingestellt wurde, waren die Giebelhäuser durch große Kontorgebäude verdrängt; diese aber wurden im Zweiten Weltkrieg durch Bomben zerstört und durch Neubauten ersetzt, die Grünanlagen auf dem Schlachtestreifen durch Parkplätze stark eingeengt. Im Zweiten Weltkrieg wurde vor der alten Schlachtemauer Schutt aufgefahren, um eine Straße für die Schlauchwagen der Feuerwehr zu schaffen. Das Bild zeigt den an Sonnabenden stattfindenden Flohmarkt auf der Promenade und den „Kajemarkt" auf der alten Schlachte-Ebene. Foto August 1989

Das Bild zeigt links die Weserbrücke und das Brückentor, dann folgen Packhäuser, an denen Schiffe anlegen konnten. Etwa von der Balgebrückstraße bis zur Holzpforte ist die mittelalterliche Stadtmauer als Uferbefestigung erhalten; das ist der Bereich der heutigen Tiefer. Im Hintergrund sieht man die Türme von Liebfrauen und des Doms sowie den Dachreiter von St. Johannis. Kupferstich von de Mayr nach Zeichnung von Grönninger 1771

An der Tiefer wurde 1857 ein Schiffsanlegeplatz mit Zollschuppen über einer Arkadenreihe gebaut. Einige Jahrzehnte später waren in diesem Bereich alle Giebelhäuser verschwunden und durch große Kontorhäuser ersetzt. Diese Entwicklung war 1902 abgeschlossen. Alle Gebäude und Anlagen in diesem Bereich wurden im Zweiten Weltkrieg zerstört; es entstanden dann verbreiterte Straßen und nüchterne Neubauten. Nur die Arkaden des Zollschuppens blieben erhalten. Foto Köster 25. Juni 1944

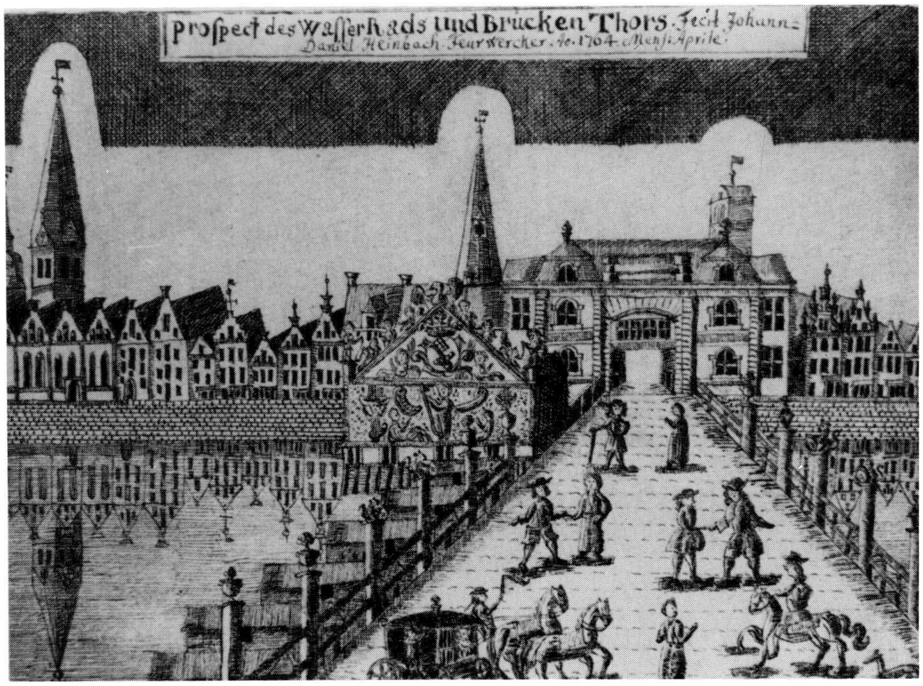

Die Weserbrücke um die Mitte des 18. Jahrhunderts. Das Brückentor ersetzte 1688 ein mittelalterliches Gebäude mit Treppengiebel; Architekt war 1688 der Franzose Jean Baptiste Broëbes, der Erbauer der alten Börse auf dem Liebfrauenkirchhof. Links sieht man das üppig verkleidete Wasserrad, das bis 1822 in Betrieb war. Zeichnung von J. D. Heinbach 1764; dargestellt ist der Zustand 1723/51

1838/41 wurde nach den Plänen des Bauinspektors Friedrich Moritz Stamm eine neue Brücke mit sechs steinernen Strompfeilern gebaut; die Wassermühlen zwischen den Jochen waren nun verschwunden, ebenso das Wasserrad (abgebrochen 1822) und das Brückentor (1838 beseitigt). Stattdessen bot nun das 1850/51 im Tudor-Stil erbaute Geschäftshaus der Weinhandlung von Kapff einen neuen Blickfang; im übrigen haben sich noch einige Packhäuser an der Weser erhalten. Lithographie von Robert Geißler 1865

1861 mußte der Oberbau der Weserbrücke erneuert werden; die Weservertiefung seit 1883 erschütterte dann die Standfestigkeit der Pfeiler, und so mußte 1893/95 eine neue Brücke mit nur zwei Strompfeilern gebaut werden. Der Oberbau war sehr markant und verlieh dem Stadtbild einen besonderen Akzent. Im Hintergrund die neuen Domtürme. Foto um 1900

Die Weserbrücke (damals „Lüderitzbrücke") wurde im Mittelteil am 25. April 1945 von deutschen Soldaten gesprengt. Die Wiederherstellungsarbeiten dauerten bis 1947. Sehr bald zeigte sich, daß die Brücke nicht leistungsfähig genug war. Ende 1960 konnte dann eine neue Weserbrücke in Betrieb genommen werden; 1961 wurde die alte Weserbrücke abgebrochen. Deutlich wird auch, daß das Stadtbild im Brückenbereich sehr viel nüchterner geworden ist. Die Domtürme ragen freilich noch hoch auf, die Liebfrauenkirche hat noch keine Turmspitze. Foto Bischoff 1963

Die Kleine Weserbrücke bzw. St.-Pauli-Brücke von 1901/03 hatte dekorative Jugendstilportale, von denen das auf der Altstadtseite 1944 durch Bomben zerstört, das am Neustadtufer 1953 abgebrochen wurde. Die Brücke mußte 1960 der neuen Weserbrücke weichen. Foto um 1910

Die Kaiserbrücke von 1875 verbesserte den Zugang zum Bahnhof. Die Gitterbrücke hatte eigenartige burgtorartige Portale und dekorative Sandsteinpfeiler. Die Tragfähigkeit war begrenzt. Im Hintergrund der Turm von St. Ansgarii, rechts die „Weserburg" der Kaffeehandelsfirma Hagens & Co. 1897 vom Architekten J. Rippe erbaut. Foto in „Bremen und seine Bauten", 1900

Die neue Kaiserbrücke von 1916 hatte zwei elegante Bögen und übernahm den Mittelpfeiler der alten Brücke. Die „Weserburg" war von der Firma Kaffee Schilling übernommen worden. Die Kaiserbrücke wurde am 25. April 1945 von deutschen Truppen gesprengt und konnte nicht wiederhergestellt werden. Foto um 1935

Die neue Bürgermeister-Smidt-Brücke von 1950/52, die die 1945 zerstörte Kaiserbrücke ersetzte, ist ein breites Betonband. Im Hintergrund fehlt seit 1944 der Turm von St. Ansgarii; die „Weserburg“ von Kaffee Schilling hat nun einen nüchternen Eingangsbau, während die Packhäuser dahinter die alten Formen übernahmen. Hier ist 1991 das „Neue Museum Weserburg“ als Galerie moderner Kunst entstanden. Foto 1960

Oben: Die Eisenbahnbrücke entstand 1867 für die Strecke nach Oldenburg. Sie wurde von Baudirektor Berg geplant, der Überbau von der bremischen Maschinenfabrik C. Waltjen & Co. hergestellt. Die Brücke hatte anfangs drei Bögen und ein Drehjoch als Schiffahrtsöffnung an der Altstadtseite (später in die Strommitte verlegt). Holzstich nach einer Zeichnung von Robert Geißler 1868

Unten: Die erste moderne Trägerbrücke über die Weser war die „Adolf-Hitler-Brücke“ von 1939, die mit großem Gepränge eingeweiht wurde. Im Hintergrund die Doventorsmühle, rechts von der Brücke sind noch eine Reihe von Packhäusern und das achteckige Türmchen der Firma Klevenhusen & Co. erhalten. Das Stephaniviertel wird vom Südturm der Stephanikirche überragt. Foto 1939

Schwere Bomben zerstörten am 30. März 1945 die „Adolf-Hitler-Brücke"; im Hintergrund sieht man einen Bogen der schwer beschädigten Eisenbahnbrücke. Foto 1945

Nachdem die Trümmer der „Adolf-Hitler-Brücke" bis 1947 fortgeräumt waren, wurde am 31. Dezember dieses Jahres eine Trägerbrücke aus Fertigteilen eingeweiht. Auf dem Rednerpult: Bürgermeister Kaisen. Dieses Provisorium bestand bis 1966. Foto 31. Dezember 1947

Die Brückenprovisorien im Westen endeten in den 60er Jahren; zunächst wurde die Eisenbahnbrücke 1961, dann 1965/66 die Stephanibrücke erneuert. Es handelt sich um reine Zweckbauten mit Stahlträgern, doch von unterschiedlicher Konstruktion. Foto Juli 1966

Herrlichkeit, Teerhof und die „alte Neustadt"

Herrlichkeit und Teerhof liegen auf einer Halbinsel zwischen Großer und Kleiner Weser und waren für die Stadt seit dem 13. Jahrhundert als Stütze für den Weserübergang von Bedeutung. Abgesehen von dem romantischen Ensemble kleiner Wohnhäuser, Werkstätten und Packhäuser auf dem Teerhof gab es hier auf der Herrlichkeit zwei bedeutende Sehenswürdigkeiten: Seit 1531 bis zur Explosionskatastrophe von 1739 den riesigen Zwingerturm, die „Braut", in einem System von Bastionen, Gräben und Brücken, seit 1830 dann das große klassizistische „Arbeitshaus" (später Bauhof), das im Zweiten Weltkrieg wie alle Bauwerke auf der Herrlichkeit und dem Teerhof den Bomben zum Opfer fiel.

Die „alte Neustadt" fand vor allem als Festungsanlage und Plansiedlung des 17. Jahrhunderts Beachtung. Die Sehenswürdigkeiten waren eher bescheiden und auch dünn gesät: Dazu gehörten die Paulikirche, ein schlichter Saalbau von 1679/82, das Bunte- und das Hohetor sowie der Neustadt-Roland von 1737, der als einzige Sehenswürdigkeit der Neustadt den Zweiten Weltkrieg unversehrt überstand. In den Stadtführern vom Ende des 19. und Anfang des 20. Jahrhunderts wurden noch einige Gebäude wegen ihrer Funktion genannt: Der üppige Neo-Renaissance-Bau des Technikums (heute Hochschule für Technik), der den Zweiten Weltkrieg nur als Torso überstand, der Zweckbau des Vereinskrankenhauses (Rotes Kreuz), die wuchtigen Backsteinbauten der Kasernen am Neustadtswall, einige Schulen, seit 1958 der Centaurenbrunnen und schließlich die Brauereibauten Am Deich, von denen einige früher durchaus architektonischen Reiz besaßen. Die Kneipe an der Brautstraße, in der der spätere Reichspräsident Friedrich Ebert Gastwirt war, fand kaum Beachtung. Es sei aber noch erwähnt, daß es in der durchweg von „kleinen Leuten" bewohnten Neustadt bis zum Zweiten Weltkrieg malerische Gänge gab.

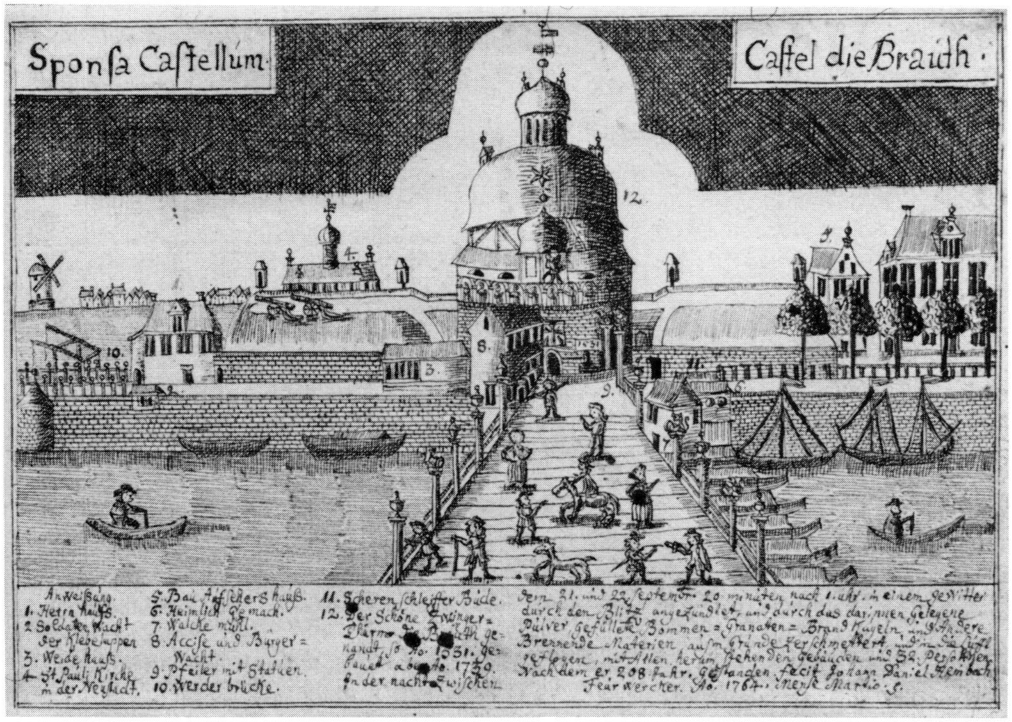

Die von Erdbastionen umgebene „Braut", der riesige Zwingerturm auf der Herrlichkeit zwischen Großer und Kleiner Weser, 1522/31 erbaut und 1739 durch eine Pulverexplosion zerstört. Im Vordergrund die Weserbrücke mit der Walkmühle, vor der Braut das Akzise- und Wachthaus, im Hintergrund links die Paulikirche, rechts das Bauaufseherhaus. Die Zeichnung von J.D. Heinbach von 1764 stellt den Zustand vor 1739 dar.

Blick auf die Herrlichkeit mit dem Arbeitshaus von F.M. Stamm, 1831. Links die Weserbrücke mit Wassermühle zwischen den Jochen. Kupferstich von C. Ermer nach der Zeichnung von Messerer, 1833

Die romantische Häusergruppe auf dem Teerhof an der Kleinen Weser. Es handelte sich um kleine Wohnhäuser und Werkstätten von Handwerkern. Im Hintergrund erkennt man die Türme von Dom, St. Martini und Baumwollbörse. Im Vordergrund der Raddampfer „Deutschland". Radierung von Bernhard Schumacher, 1903

Am Westende des Teerhofs entstand 1897 ein Gebäude des Architekten J. Rippe mit einem burgartigen Tor in Richtung Kaiserbrücke (zerstört im Zweiten Weltkrieg); dahinter sieht man rechts eine Reihe von Packhäusern mit Aufzügen. Foto um 1910

Rechts: Die Bomben des Zweiten Weltkriegs zerstörten alle Gebäude auf dem Teerhof; nur im Westteil wurden einige Packhäuser und ein Torgebäude von Kaffee Schilling wieder aufgebaut. Seit 1965 gab es zahlreiche Pläne für eine Teerhofbebauung, u.a. mit gestaffelten Hochhäusern. Schließlich entschied man sich wegen des engen Raumes für eine Wohnhausbebauung. 1983 beschloß die Stadt, den Teerhof zu verkaufen; neuer Eigentümer war die Teerhof GmbH. Inzwischen ist die Wohnbebauung fast abgeschlossen. Die Teerhofbrücke für Fußgänger überquert die Weser von der Schlachte aus. Das Foto entstand 1993 bei ihrer Einweihung.

Ein Blick auf den noch recht romantischen östlichen Teil der Neustadt von der Herrlichkeit aus über die zugefrorene Kleine Weser mit der Paulikirche (rechts) und der Windmühle auf der Schulortbastion (rechts). Hier befand sich bereits seit 1692 eine Walkmühle, die 1699 von den Bäckern erworben und zur Kornmühle umgebaut wurde. 1768 wurde sie an den Müller Seemann von der Steinwegmühle am Buntentor verkauft, der hier vor allem Scheldegerste verarbeitete. In dieser Zeit dürfte auch der Umbau der alten Bockmühle zur Holländermühle erfolgt sein. Seither war die Mühle in Privatbesitz. In den 30er Jahren des 19. Jhs. übernahm sie der Branntweinbrenner, Müller und Getreidehändler C. H. Würdemann, dann in den 50er Jahren der Müller Johann Wurthmann, nach ihm dessen Witwe und Sohn, der die Mühle Anfang der 70er Jahre aufgab. Sie wurde dann abgerissen und an ihrer Stelle 1878 die Seefahrtsschule erbaut. Ölgemälde der Anthonie Brackmann im Focke-Museum, 1841

Die Paulikirche war die Pfarrkirche der Neustadt; sie wurde 1679/82 von Maurermeister Frerich Ottersen erbaut; der Dachreiter stammt von 1686. Im Hintergrund sieht man die Giebelhäuser der Osterstraße. Die Kirche wurde am 6. Oktober 1944 zerstört, die Ruine 1960 beim Bau der neuen Weserbrücke abgerissen. Zeichnung von Chr. Grabau 1872

Das Buntetor im 18. Jahrhundert. Die Brücke hatte drei verzierte Portale, das Torgebäude einen Dreiecksgiebel mit dem Bremer Wappen. Später gab es hier zwei schlichte Torhäuser. Hinten sieht man die Paulikirche und die Kirchtürme der Altstadt. Zeichnung von J. D. Heinbach 1757

Das Hohetor wurde 1630 erbaut und hatte eine dekorative Außenseite mit dem Bremer Wappen und einer Figur der Justitia, die seit 1973 in den Grünanlagen am Hohentorsplatz steht. Das Tor wurde 1823 abgebrochen; seither gibt es schlichte Torhäuser. Lithographie von 1870 nach einem Aquarell von Papendiek.

Unten: Seit 1842 entstanden am Neustadtswall Kasernenanlagen für das bremische Bataillon; 1892/93 erfolgte eine erhebliche Erweiterung der Anlagen, nachdem der Stadtgraben der Neustadt zugeworfen worden war. Das Bild zeigt links die Kaserne II und das Kammergebäude, rechts die Kaserne IV. 1942 wurden einige Gebäude durch Bomben zerstört, andere nach dem Zweiten Weltkrieg abgebrochen. Im Hintergrund die Trantelsche Mühle am heutigen Leibnitzplatz, die 1911 abbrannte. Druck nach Foto um 1903

Der Rolandbrunnen, der 1737 von der 1. Neustädter Bürgerkompanie unter Leutnant Worminghusen gestiftet wurde, stand zunächst im Pferdegang an der Osterstraße, wurde aber 1899 auf das Nordende des Neuen Marktes versetzt, wo er auch den Zweiten Weltkrieg überstand. Druck nach Foto um 1905

Rechts: Auch die Neustadt hatte ihre Gänge, die zwar romantisch aussahen, aber doch Elendsquartiere waren. Die Wohnungen waren klein und feucht, es fehlten Keller, die Pflasterung der Gänge war schlecht, in der Mitte befand sich eine Abwasserrinne. Das Bild zeigt den Prallengang. Keiner der Gänge überlebte den Zweiten Weltkrieg. Druck nach Foto um 1908

Das Technikum (heute Hochschule Bremen) wurde seit 1892 geplant und zunächst 1894 in der Schule an der Kleinen Allee (heute Langemarckstraße) eingerichtet. 1903 wurde ein Neubau vorgesehen; das große Gebäude von 1906 war mit Neo-Renaissancegiebeln, einem Turm, waagerechten Sandsteinstreifen sowie Prunkportalen ein sehr ansehnlicher Bau, der am 3. Januar 1941 ausbrannte und dann nur noch als unansehnlicher Block wieder hergerichtet wurde. Foto um 1930

Nachdem der Freimarkt Jahrhunderte hindurch nur in der Stadtmitte auf dem Marktplatz, dann auch auf dem Liebfrauenkirchhof und Domshof stattgefunden hatte, mußten seit 1890 größere Schaugeschäfte auf den Grünenkamp in der Neustadt ausweichen. Seit 1919 wurde der gesamte Freimarktsbetrieb auf Straßen und Plätze der Neustadt verlegt. Ansichtskarte um 1910

Unten: Am Neustadtufer der Kleinen Weser (an der Straße Am Deich) standen zunächst zahlreiche Packhäuser; in der 2. Hälfte des 19. Jahrhunderts richteten sich hier Brauereien ein, von denen sich einige zu großen Unternehmen entwickelten. Auf dem Bild befinden sich rechts von der Einmündung der Gr. Allee (Langemarckstraße) die Kaiserbrauerei Beck & Co., Remmer und die Klosterbrauerei. Der eindrucksvolle Turm von Beck & Co. wurde 1928 gebaut; davor sieht man das Gebäude des Eiskellers der Kaiserbrauerei mit 5 Mosaikbildern nach Entwürfen von Arthur Fitger. Foto J. Becker um 1930

Unten: Die Entwicklung zur Großbrauerei Beck & Co. war seit den 60er Jahren begleitet vom Entstehen hoher Gebäudeblocks, die z.T. Produktionsanlagen, z.T. auch Büroräume umkleiden. Foto Oktober 1982

Bahnhofsplatz, Bahnhofs-, Park- und Rembertiviertel

Das Bahnhofsviertel wurde seit dem Bau des Hannoverschen Bahnhofs 1847 nach und nach zu einer Erweiterung der Altstadt. Vorher hatte dieses Gebiet eher einen ländlichen Charakter mit sehr lockerer Bebauung. Das änderte sich auch noch nicht, nachdem 1812 der neue Herdentorsfriedhof an der späteren Gustav-Deetjen-Allee angelegt worden war. Der Hannoversche Bahnhof lag zunächst auf der „grünen Weide", und der seit 1866 entstehende Bürgerpark mit dem Parkhaus verstärkte diesen ländlichen Eindruck. Doch dann entstanden im Bereich des Herdentorsteinwegs Hotels und Gasthöfe; 1877 wurde am Bahnhofsplatz eine Badeanstalt angelegt. Nördlich vom Bahnhof auf der Bürgerweide lagen seit 1854 die Gasanstalt, seit 1874 der Hamburg-Veloer Bahnhof und seit 1875 der Schlachthof.

Das Gebiet um den Bahnhof veränderte sich dann sehr stark: 1885/89 entstand der „Centralbahnhof", während der Hamburg-Venloer Bahnhof auf der Bürgerweide aufgegeben wurde, und nun wurde der Bahnhofsplatz in repräsentativer Weise ausgestaltet: 1891 entstand der Theaterbau des Tivoli an der Weide, 1896 das heutige Überseemuseum; an der Südseite wurden einige Hotels errichtet. Der Herdentorsfriedhof wurde schon 1876 aufgegeben, und hier entstand eine Grünanlage, in der seit 1932 das umstrittene „Deutsche Kolonial-Ehrenmal", der Elefant, steht. Auf der Bürgerweide verschwand 1901 die Gasanstalt; an seine Stelle trat die Gepäck-Abteilung des Norddeutschen Lloyd. Am Bahnhofsplatz kam 1926 das neue Postgebäude des Architekten Rudolf Jacobs (heute das Postamt 5, das im Umbau begriffen ist) hinzu.

Schon 1875 wurde die neue Kaiserbrücke durch die Kaiser- und Georgstraße (heute Bürgermeister Smidt-Straße) mit dem Bahnhof verbunden. In diesem Gebiet erweiterte sich das Bahnhofsviertel am Breitenweg und an der Düsternstraße. Hier entstanden 1870 die Hauptfeuerwache Am Wandrahm, 1896 die Stadtbibliothek am Breitenweg; in der Nähe entwikkelten sich die Centralhallen zu einem großen Vergnügungsetablissement. Schließlich entstand an der Kleinen Helle 1916 das „städtische Lyzeum mit Studienanstalt".

Östlich von Bahnhofsviertel, Bürgerweide und Bürgerpark entwickelten sich vorwiegend Wohnviertel. Hier hatte es schon im Mittelalter ländliche Besiedlung und das Rembertispital gegeben. 1596 entstand die kleine Rembertikirche, die 1868 durch einen großen neugotischen Bau ersetzt wurde, der dann ein Opfer der Bomben des Zweiten Weltkriegs wurde; in der Nähe befand sich Auf den Häfen das Casino, ein großes Etablissement mit Ballsaal.

Im Parkviertel wurden 1906 zwei architektonisch bedeutende Gymnasien eröffnet: Das Realgymnasium an der heutigen Hermann-Böse-Straße und das Neue Gymnasium am Barkhof. Schließlich ist in der Nähe das Reiterstandbild Kaiser Friedrichs I. von Louis Tuaillon (1905) zu erwähnen, das sich bis heute erhalten hat.

Die Sehenswürdigkeiten im Bahnhofsgebiet, im Park- und Rembertiviertel gehörten durchweg der „Gründerzeit" an; von ihnen haben nur der Bürgerpark, der Bahnhof und das Überseemuseum einen hohen Rang. Alles andere tritt zurück, hat den Krieg gar nicht bzw. nur als Torso überstanden oder wurde auch durch Umbaumaßnahmen verstümmelt.

Der 1847 durch Oberbaurat Schröder erbaute Hannoversche Bahnhof bestand aus einem dreigeschossigen Mittelbau und zweigeschossigen Seitenflügeln mit Türmen. Hinzu kamen gegliederte Seitenbauten. Vor dem Bahnhof entstand eine hübsche Garten- bzw. Parkanlage. Es war eine städtebauliche Sehenswürdigkeit entstanden, die aber 1885 abgebrochen wurde, um dem „Centralbahnhof" Platz zu machen. Lithographie um 1865

Der Centralbahnhof wurde 1885/89 nach einem Entwurf von Prof. Hubert Stier/Hannover gebaut. Er war mit seiner Frontseite, der Eingangs- und Bahnsteighalle, Treppenaufgang, Wartesälen und Fürstenzimmer eine Sehenswürdigkeit. Das Bild entstand, nachdem der Bahnhof seit 1890 an eine elektrifizierte Straßenbahn angeschlossen worden war. Foto

In der prachtvollen Eingangshalle des Bahnhofs trug sogar das Gehäuse der Schalter geschnitzte Dekoration. Druck nach Foto um 1900

Der Bahnhof überstand die Bombenwürfe des Zweiten Weltkrieges; Umbauten, auch die Überdachungen des Eingangs und die Neugestaltung der Eingangshalle waren nicht immer stilgerecht; doch im Kern hat sich das prächtige Gebäude erhalten. Für den Bahnhofsplatz fehlt noch eine befriedigende Gestaltung. Foto August 1989

Unten: Ecke Bahnhofsstraße/An der Weide entstand 1876/77 eine vom Architekten G. Runge und Ingenieur H. Ohnesorge geplante Badeanstalt aus gelbem Backstein. Sie paßte stilistisch zum alten Bahnhof, nahm sich aber gegenüber dem Centralbahnhof und den großen Hotelbauten eher bescheiden aus. Die technische Ausstattung war für jene Zeit vorbildlich. Foto um 1900

Das Innere der Badeanstalt war einfach und zweckmäßig. Es gab getrennte Schwimmecken für Damen und Herren. 1938 wurde die Anstalt modernisiert; 1944 brannte sie aus, 1952 wurde die Ruine abgetragen und das Areal in den Bahnhofsplatz einbezogen. Foto Louis Koch um 1906, Ansichtskarte

Das Museum für Natur-, Völker- und Handelskunde am Bahnhofsplatz entstand aus Anregungen der Nordwestdeutschen Gewerbe- und Industrieausstellung, die 1890 stattfand. Architekt war der Bremer Baumeister Beermann; der Bau erfolgte 1892/94. Im Innern waren drei Stockwerke um einen Lichthof gelagert. Ansichtskarte um 1902

Die Lichthöfe des Museum gestatteten die Aufstellung von Ensembles unter Palmen. Die Darbietung genoß die volle Zuneigung der Bevölkerung. Foto vor 1939

Die Erweiterung von 1911 brachte dem Museum nicht nur einen zweiten Lichthof, sondern auch eine Neugestaltung der Fassade, die mit dem Dreiecksgiebel und einer Vereinfachung der Fensterpartien klassizistische Stilelemente übernahm. Das Museum erlitt im Zweiten Weltkrieg Bombenschäden, konnte aber wiederhergestellt werden. Die innere Neugestaltung wich durch ihre politische und pädagogische Komponente vom früheren Konzept erheblich ab. Foto August 1989

Das „Tivoli" (seit 1903 „Deutsches Theater") am Bahnhofsplatz entstand 1891 unter Leitung des Architekten C. Brennecke. Der Saal für 3000 Zuschauer diente der Aufführung von Operetten, Lustspielen und Kabaretts. Seit 1924 war das Tivoli ein Revue-, Variété- und Possentheater, seit 1925 Operetten- und dann im gleichen Jahr Lichtspieltheater. Auch gab es ein großes Restaurant, eine Veranda und einen Konzertgarten. Die Schauseite war sehr üppig gestaltet. 1932 erfolgte ein großer Umbau, der vor allem auch die Vorderseite vereinfachte. Nach der Zerstörung durch Bomben entstand der nüchterne Backsteinbau des Gewerkschaftshauses, der auch Kinosäle enthält. Ansichtskarte um 1906

Links: Die Stadt- (später Staats-) Bibliothek von 1897 am Breitenweg war mit ihrer Vorhalle und den Neo-Renaissance-Giebeln ein wahrer Prachtbau. Der Entwurf stammte von Johann Poppe. Bombenschäden hinterließen einen Torso, der jetzt dem Überseemuseum als Magazin dient. Aquarell des Entwurfs 1896

Ebenfalls am Breitenweg befanden sich seit 1856 die Centralhallen. Sie erhielten ein üppiges neubarockes Portal, hatten einen „Kaisersaal", drei Konzert- und Theatersäle, zwei Bühnen, Restaurationslokale und vier Kegelbahnen. Noch 1939/43 erfolgte ein Umbau, 1944 wurde das Etablissement zerstört. Ausschnitt aus einer Ansichtskarte von 1900

Pläne für ein Kolonialdenkmal entstanden im Rahmen der Deutschen Kolonialgesellschaft. 1926 beauftragte man den Bildhauer Fritz Behn/München mit der Ausführung. Er schuf 1931/32 den „Elefanten". Die Einweihung erfolgte am 6. Juli 1932 durch General v. Lettow-Vorbeck. Foto

Unten: Der „Elefant" verfiel nach dem Zweiten Weltkrieg und geriet in die politische Diskussion. Der Restaurierung folgte 1990 eine Umfunktionierung zu einem Anti-Kolonial-Denkmal. Foto August 1989

Einer der großen Schulbauten war 1906 der des damals neu gegründeten Realgymnasiums an der heutigen Hermann-Bösestraße, das von einer Berliner Architektengruppe entworfen wurde. Das Gebäude hatte Neo-Renaissance-Giebel, einen Eckturm, ein üppiges Portal und überall reichen Sandsteinzierat. Es hat sich erhalten. Foto 1930

Oben: Kaiser Friedrich I. überstand Metallspende und Bomben des Zweiten Weltkrieges. Foto August 1989

Links: Das Denkmal für Kaiser Friedrich I., der bereits 1888 verstorben war, sollte das seit 1899 entwickelte Parkviertel zieren. Stifter war der Ölkaufmann Franz Schütte, als Bildhauer wurde Louis Tuaillon gewonnen. Er schuf 1902 ein Modell, das Konflikte verursachte, da der Kaiser als Imperator mit nacktem Oberkörper dargestellt wurde; doch Wilhelm II. gab seine Zustimmung und weihte das Denkmal am 22. März 1905 ein. Foto

Der jährliche Freimarkt fand seit 1934 auf der Bürgerweide statt, wo nun alle Betriebe auf einem großen Platz zusammengefaßt werden konnten. Im Hintergrund sieht man den Parkbahnhof, die Endstation der Kleinbahn nach Tarmstedt, die im Volksmund „Jan Reiners" genannt wurde. Foto vor 1939

Die Bürgerweide diente 1945/46 u.a. als Schuttabladeplatz, 1948 fand hier auch der Großmarkt der Gemüsehändler statt. Nach dem Kriege entstand aber auch die unansehnliche „Sporthalle" neben dem Parkbahnhof, in der manche politische Großveranstaltung und Ausstellung stattfand. 1961 wurde sie an einen süddeutschen Reiterverein verkauft und abgebrochen. Foto 1952

Auf dem Areal der 1961 abgebrochenen Sporthalle und des Parkbahnhofs entstand 1962/64 die Stadthalle, ein durchaus imposanter Bau der Architekten Prof. Dr.-Ing. Roland Rainer/Wien und Dr.-Ing. Max Säume. Seither ist eine unübersichtliche Anhäufung von Bauten entstanden, u.a. die Eislaufhalle, das Kongreßzentrum (Grundsteinlegung 1990) und das Hotel „Maritim". Foto August 1993

Unten: Das zweite Parkhaus war sehr viel üppiger. Es entstand 1890 als Hauptgebäude der Nordwestdeutschen Gewerbe- und Industrieausstellung nach den Entwürfen von Johann Poppe. Es war Bremens größtes Gartenetablissement mit mehreren Konzertsälen. Auf der Seeseite befand sich ein zwei Morgen großer Konzertplatz. Holzstich und Zeichnung von Carl Grothe 1890

Wichtigstes Gebäude in dem seit 1866 ausgebauten Bürgerpark war das Parkhaus von 1873 am Hollersee; es handelte sich um einen flachen breit gelagerten Bau mit einem Konzertgarten davor. Dieses Parkhaus wurde 1889 abgetragen. Anzeige 1887

Das zweite Parkhaus brannte 1907 bei einem Feuerwerk ab. Das neue vom Bremer Architekten Jacobs entworfene Parkhaus mit seinem zentralen Kuppelbau entstand 1913 als Gesellschafts- und Restaurationsbetrieb. Es wurde im Zweiten Weltkrieg stark beschädigt. Foto Harmßen 1930

Das durch Bomben beschädigte Parkhaus wurde 1953/54 bis auf den Mittelteil abgebrochen. Schon 1951 war die Hotel Parkhaus GmbH gegründet worden, die das Gebäude in ein repräsentatives Hotel umbauen wollte. Die Widerstände waren erheblich, doch konnte der Architekt Herbert Anker mit dem Ausbau beauftragt werden. Die Einweihung war 1956, später erfolgten Erweiterungen. Foto August 1989

Die Emmabank am Emmasee stammt aus der ersten Zeit des Bürgerparks (1868) und erinnert an die Billungergemahlin Emma, die nach einer Sage 1032 die Bürgerweide an die Bürger Bremens geschenkt haben soll. Foto 1965

Das Wildgehege lag zunächst 1874 beim Schweizerhaus und wurde dann 1884 an den heutigen Ort verlegt. Es hatte für die Besucher immer eine große Anziehungskraft. Das Wildhaus auf dem Bild wurde 1903 aus einer Stiftung des Bankiers Loose finanziert. 50 Jahre später entstand ein größeres reithgedecktes Haus, das auch dem Tierpfleger als Wohnung dient. Foto um 1910

Der Aussichtsturm des Architekten Heinrich Müller entstand 1889 als Geschenk des Ölkaufmanns Franz Schütte im nördlichen Teil des Bürgerparks und überragte die Baumwipfel. Im Erdgeschoß befand sich eine Restauration. Nachdem der Turm Kriegsschäden erlitten hatte und nicht mehr bestiegen werden konnte, wurde er 1962 gesprengt und abgetragen. Erhalten hat sich der Hügel, auf dem er stand. Druck nach Foto 1900

Die Meierei im Schweizerstil wurde 1881 nach den Plänen des Architekten Heinrich Müller gebaut. Das Haus hat eine Terrasse mit schönem Ausblick. Foto auf einer Ansichtskarte im Jugendstil um 1905

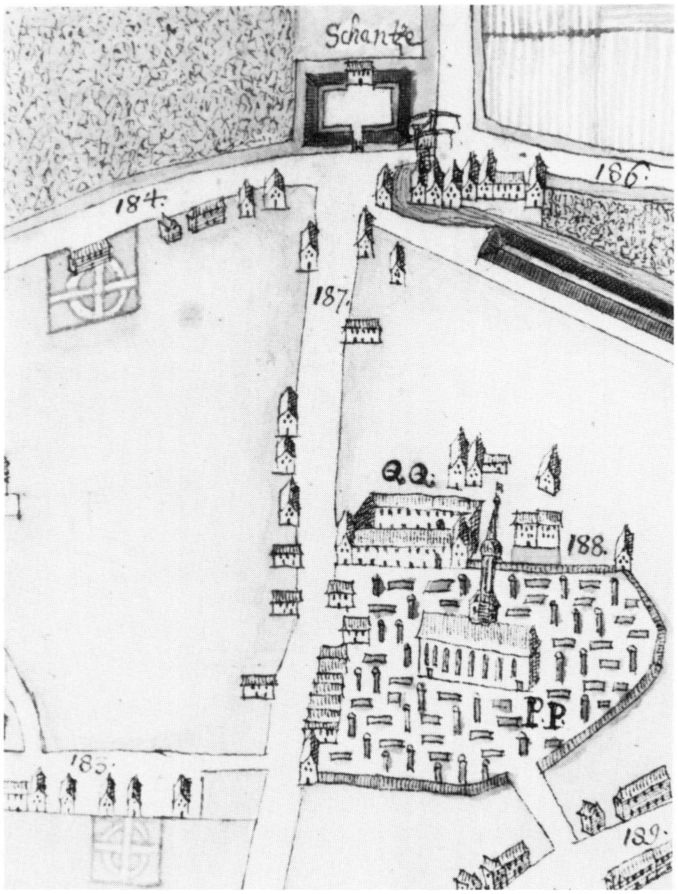

Die Rembertikirche von 1736, die ein älteres Gebäude von 1596 ersetzte, war Pfarrkirche der östlichen Vorstadt und daher von einem Friedhof umgeben. Dabei lag das Rembertistift, ein Heim für alte Leute. (Das Gebäude von 1547 wurde 1844/45 und 1870/78 durch Neubauten ersetzt, die sich bis heute erhalten haben). Am oberen Bildrand sieht man bei der Schleifmühle und einer Zugbrücke eine Schanze; rechts schließt die alte Landwehr im Verlauf des Dobbenwegs an; links oben (184) ist die Straße an der Weide zu sehen, an der ein Landgut mit Garten eingezeichnet ist, ebenso der Rübekamp (183). Aquarellierte Zeichnung von J. D. Heinbach 1757

Die Rembertikirche von 1736/38 wurde 1868 abgerissen und durch einen neugotischen Bau des Architekten Heinrich Müller mit einem 67 Meter hohen Turm ersetzt. Die Bautätigkeit zog sich wegen des Deutsch-Französischen Krieges bis 1871 hin. Die Kirche brannte am 4. Juni 1942 aus; die Mauern wurden am 9. September 1944 gesprengt. Foto Louis Koch um 1890

Auf den Häfen befand sich eins der größten Vergnügungsetablissements, das Casino. Es entstand Ende der 70er Jahre des 19. Jahrhunderts und wurde immer weiter ausgebaut. Am Ende des 19. Jahrhunderts faßte der große Konzertsaal mehr als 2000 Personen. In ihm fanden später auch große politische Versammlungen statt. Das Casino wurde im Zweiten Weltkrieg durch Bomben zerstört. Ansichtskarte 1900

Die östlichen Vororte

Die östlichen Vororte, die heute vom Ostertor bis Osterholz und Mahndorf reichen, sind außerordentlich vielgestaltig und fanden in den letzten Jahrzehnten wegen städtebaulicher und sozialer Probleme besondere Beachtung. Im 19. Jahrhundert verschwand in Stadtnähe der ländliche Charakter, da hier zahlreiche Wohnstraßen mit zugehörigen Schulen, u.a. dem Lehrerseminar an der Hamburger Straße (später Aufbauschule und Gymnasium), entstanden. Zur Entwicklung dieser Zeit gehört auch das St.-Jürgen-Krankenhaus, dessen ältester Bau 1849/52 entstand. Aus älterer Zeit hat sich nur das Sühnekreuz für den 1430 hingerichteten Bürgermeister Johann Vasmer erhalten (1977 durch eine Kopie ersetzt). Den größten Verlust erlitt die östliche Vorstadt bereits 1523 durch den Abbruch des Paulsklosters. Pagentorn, Hastedt, Osterholz-Ellen, Hemelingen, Arbergen und Mahndorf waren alte Bauernschaften, die sich im 19. Jahrhundert stark veränderten. Vor allem in Hastedt und Hemelingen, das erst 1939 bremisch wurde, entwickelten sich Industrien und zugehörige Arbeitersiedlungen. In Osterholz-Ellen befand sich seit 1903 eine Anstalt für Geisteskranke und seit 1910 ein ausgedehnter Friedhof mit schönen Grünanlagen. Hochhausbesiedlung und Großindustrie entwickelte sich hier erst in den letzten Jahrzehnten. Arbergen und Mahndorf, die 1939 bremisch wurden, waren lange durch die Landwirtschaft bestimmt, entwickelten dann im 19. Jahrhundert Handwerker- und Arbeitersiedlungen, neuerdings auch mittlere Gewerbebetriebe. In Arbergen befindet sich die einzige alte Kirche des ganzen Bezirks mit einem Turm aus dem 12. und einem Schiff aus dem 18. Jahrhundert.

In der östlichen Vorstadt entstanden während des 19. Jahrhunderts nicht nur unterschiedlich strukturierte Wohnstraßen, sondern es wurde auch einiges geschaffen, was in jener Zeit viel beachtet wurde und zum Teil auch heute noch sehenswert ist: Am Sielwall wurde die Statue des Dichters Theodor Körner von Johann Andreas Deneys in Berlin 1865 in eine kleine Grünanlage eingebettet; der Osterdeich mit seinen prächtigen großbürgerlichen Wohnhäusern entwickelte sich zu einer beliebten Promenade; hier gab es auch das größte bremische Gartenetablissement, die Weserlust. In der Nähe befand sich seit 1905 der botanische Garten, der nach 1945 aufgegeben wurde. An der Deichbruchstraße entstand der Friedhof der Israelitischen Gemeinde; auf ihm wurden 1952 eine neue Kapelle und ein Ehrenmal für die in der NS-Zeit ermordeten bremischen Juden eingeweiht. Eine besonders auffällige Anlage war von Anfang an das Weserstadion, in dem neben Fußballspielen auch andere Sportwettkämpfe und Großveranstaltungen stattfanden. Eine bedeutende technische Sehenswürdigkeit war das 1911 eröffnete Weserwehr, das gegenwärtig durch eine neue Anlage ersetzt wird.

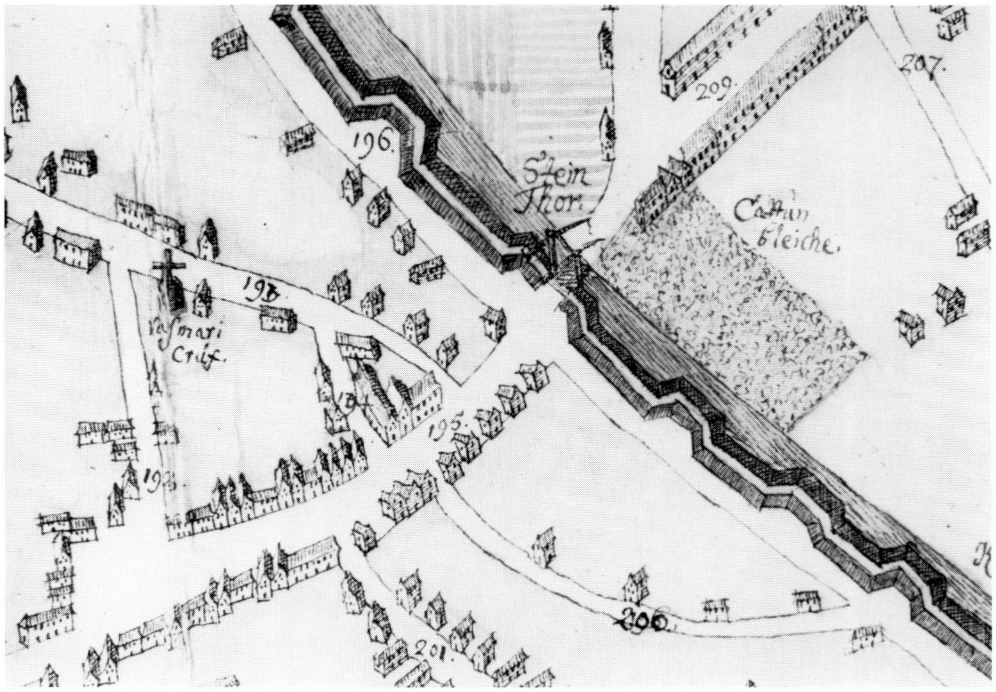

Im Gebiet vor dem Ostertor gab es zwar mittelalterliche Besiedlung, doch hatte es bis nach der Mitte des 19. Jahrhunderts ländlichen Charakter. Das Bild zeigt die alte Landwehr im Verlauf von Dobben und Sielwall mit dem Steintor, an dem der Steinturm wohl schon am Ende des 17. Jahrhunderts verschwand. Ausschnitt aus einem gezeichneten Stadtplan von J.D. Heinbach von 1757

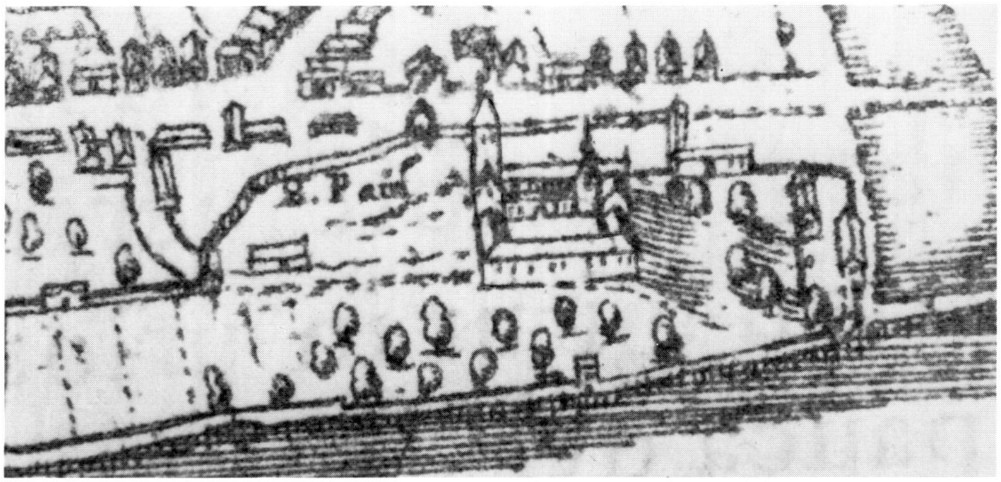

Das Paulskloster der Benediktiner auf einem Dünenhügel vor dem Ostertor entstand im 11. Jahrhundert; es wurde in der Reformationszeit (1523) abgerissen. Ausschnitt aus einer Rekonstruktion des Stadtplans von 1300; Kupferstich von Wilhelm Dilich 1603

Der Osterdeich östlich des Sielwalls. Hinter dem Deich kleine Ackerbürgerhäuser. Kupferstich von Daniel Albert Ernsting 1781

Unten: Der Osterdeich östlich vom Altenwall mit einer Reihe prächtiger Villen. Ganz links (Nr. 1) das Haus des Kaufmanns Plump von 1856; es folgt (Nr. 2) das von Heinrich Müller 1857/58 für den Kaufmann C. H. Wätjen entworfene Haus. Zeichnung und Lithographie von W. Heuer um 1865

Die älteste Darstellung des Sühnekreuzes für den 1430 hingerichteten Bürgermeister Johann Vasmer mit einem Kruzifix, dem knieenden Bürgermeister und seinem Wappen. Am Sockel befindet sich eine Gedenkinschrift. Aquarell in der Rennerchronik von 1583

Eins der üppigsten Privathäuser Bremens: die Villa des Ölkaufmanns Franz Schütte in der Kohlhökerstraße von 1881, die der Architekt Heinrich Müller entwarf. Sie überstand mit ihren drei Neo-Renaissancegiebeln, dem Prunkportal und reichem Zementstuck die Bomben des Zweiten Weltkriegs, wurde dann aber abgerissen, um einem modernen Bankgebäude Platz zu machen. Aquarell von Carl Bollmann 1883

Während der Osterdeich in seinen einzelnen Teilen (Punken- und Eisenradsdeich) zunächst eine Schutzanlage für die dahinterliegende ländliche Siedlung war, wurde er in der 2. Hälfte des 19. Jahrhunderts immer mehr zu einer vornehmen, 1889/91 verbreiterten Wohnstraße; am Fuß des Deiches wurde eine Promenade vorgelagert. Heute ist der Osterdeich eine Durchgangsstraße für den Autoverkehr, wodurch die Wohnqualität erheblich gemindert wurde. Ansichtskarte 1906

Unten: Theodor Körner galt lange als der bedeutendste patriotische Poet. Der Bauunternehmer H. C. Oldehoff bewunderte ihn und nannte den Platz, an dem eine von ihm geschaffene Häusergruppe entstand, Körnerwall. Für diesen Platz stifteten dann 1865 andere Patrioten die Statue Körners von J. H. Deneys. Sie ging 1940/42 nicht in die Metallspende, da sie Eigentum der Anwohner war; sie erhielt 1949 einen neuen Sockel. Foto 1867

Hatte der Ostertorsteinweg bis zur 2. Hälfte des 19. Jahrhunderts noch ländlichen Charakter, so wurde er dann zum Mittelpunkt eines vielgliedrigen Wohnviertels. Links der Gemüsemarkt an der Einmündung des Hohenpfads und Landwegs. Heute gibt es in diesem Viertel schwierige soziale Probleme. Ansichtskarte nach einem Foto von Louis Koch um 1900

Nachdem die Kranken zunächst im alten Johanniskloster sowie in der Neustadt und im Stephaniviertel versorgt worden waren, entstand seit 1847 die allgemeine Krankenanstalt an der St.-Jürgen-Straße. Die Abbildung zeigt das Hauptgebäude (für innere, Augen- und Frauenkrankheiten), das 1847 vom Oberbaurat Schröder errichtet wurde. Lithographie um 1865

In der Hamburger Straße entstand 1896/97 der neugotische Bau des Lehrerseminars. Architekt war Heinrich Flügel. Nach dem Ersten Weltkrieg wurde das Lehrerseminar aufgelöst, das Gebäude dann seit 1922 von der Aufbauschule genutzt. Im Zweiten Weltkrieg erlitt es erhebliche Bombenschäden, wurde aber für den Unterrichtsbetrieb eines Gymnasiums wieder hergerichtet und erweitert. Der alte Bau hat sich nur noch als Torso erhalten. Ansichtskarte um 1905

Bremen hatte im 19. Jahrhundert zunächst eine Sporthalle mit einem Sportplatz an der Schleifmühle; weitere Sportplätze waren dann auf dem Stadtwerder und im Neuenlander Feld sowie in der Huckelriede. In der Pauliner Marsch befanden sich seit dem Ende des 19. Jahrhunderts Sportplätze mehrerer Vereine mit kleinen Gebäuden. 1909 baute der ABTS „Bremen 1860" eine erste hölzerne Tribüne an seinem Fußballplatz. Das Bild stellt das Kreisturnfest von 1912 auf diesem Platz dar. Foto

Unten: 1925/26 wurde der Fußballplatz von 1909 zu einer „ABTS-Kampfbahn" mit einer Betontribüne erweitert; dabei übernahm sich der Verein, und die Anlage ging 1929 an den Verein „Weserstadion" über. Nach dem Zweiten Weltkrieg wurde die Stadionanlage immer weiter ausgebaut, bis sie schließlich den Anforderungen entsprach, die man heute an einen Austragungsort von Spielen des Bundesligisten SV „Werder" stellen muß. Foto Jochen Mönch

Unten: Die Betonkonstruktion des Weserstadions ist teilweise recht eindrucksvoll. Foto April 1990

Der jüdische Friedhof an der Deichbruchstraße in Hastedt mit seiner kleinen Friedhofskapelle entstand in der 2. Hälfte des 19. Jahrhunderts. Foto J. Becker 1938

Der mehr als 4 Hektar große Botanische Garten zwischen Hamburger Straße und Osterdeich entstand 1905 als Stiftung des Ölkaufmanns Franz Schütte. Er wurde nach 1923 vom Staat übernommen. Im Zweiten Weltkrieg standen hier die Baracken des Luftwaffenbauamts, die nach dem Kriege verpachtet wurden. Der Botanische Garten wurde aufgegeben und beim Rhododendronpark in Schwachhausen neu aufgebaut. Ansichtskarte 1906

Die „Weserlust" entstand 1894 am östlichen Ende der Bebauung am Osterdeich als Garten- und Konzertlokal. Hier konnte man Wiener Speisen und französischen Wein, Milch von eigenen Kühen und Bier aus Bayern genießen. Das Lokal hatte 4 Kegelbahnen. Das Gebäude und der Garten wurden im Zweiten Weltkrieg von Bomben beschädigt. 1948 wurde hier ein Kino eröffnet, dieses aber 1963 geschlossen. Das Gelände wurde bebaut, das Haus abgerissen. Ansichtskarte 1900

Die voranschreitende Weserkorrektion forderte zur Regulierung des Wasserstandes auf der Oberweser eine Wehranlage in Hastedt, die mit einem Kraftwerk und einer Schleuse verbunden war. 1906 begann man mit dem Schleusenbau. 1910 waren die Bauarbeiten im wesentlichen abgeschlossen. Am 22. April 1945 gab es erhebliche Bombenschäden; die Wiederherstellung erfolgte bis 1948. Foto April 1928

Das alte Kraftwerk wurde abgebaut, die Dynamomaschinen wurden herausgenommen. Das Bild zeigt den Torso der Anlage. Foto April 1990

Links: Oberhalb des alten Weserwehrs wurde bis 1993 ein neues gebaut; ob es auch als Kraftwerk genutzt werden soll, ist noch nicht sicher. Eine neue Brücke überquert das Wehr, im Anschluß führt ein Teil der alten Brücke über die noch genutzten Schleusen. Foto Landesbildstelle Bremen 1993

Das erste bremische Elektrizitätswerk entstand 1892/93 an der Schlachthofstraße; es hatte eine Leistung von 1900 Kilowatt. Dann wurde 1906/09 das Dampfkraftwerk an der Weser in Hastedt gebaut, das mit Kohlen beheizt wurde. In den 30er Jahren betrug die Leistung über 53000 Kilowatt. 1945 wurde das Kraftwerk weitgehend zerstört. 1951 war die Leistung schon wieder 65000 Kilowatt. Mit steigendem Energiebedarf wurde die Anlage erweitert und modernisiert; 1972 wurde dann in Hastedt das neue Erdgaskraftwerk der Stadtwerke in Betrieb genommen. Foto April 1990

Die Egestorffstiftung in Osterholz von 1908 beruhte auf einem Vermächtnis, das ein großes Landgut mit einem Herrenhaus umfaßte. 1909/12 wurde hier nach den Entwürfen des Architekten Gregor Werner Heyberger ein großes Altenheim gebaut, das die Insassen des in der Großenstraße aufgelösten und an das Focke-Museum überwiesenen Altenheims aufnahm. Foto April 1990

Im großen Park der Egestorffstiftung finden sich neben den beiden Rathausrittern, Sandsteinfiguren des 18. Jahrhunderts und einer Gedenkplatte für den Stifter Egestorff zwölf hübsche Monatsfiguren von Ernst Gorsemann, 1950. Das Bild zeigt den durstigen „August". Foto April 1990

Der Friedhof von Osterholz enthält eine Kapelle mit großer Kuppel, zahlreiche Grabsteine, die z.T. vom alten Herdentorsfriedhof überführt wurden, und mehrere Ehrenanlagen für deutsche Soldaten, KZ-Häftlinge, Bombenopfer (Abbildung) und Ausländer, bes. „Fremdarbeiter", die in Bremen starben. Foto Juli 1967

Die nordöstlichen Stadtteile: Von Schwachhausen bis Oberneuland

Die nordöstlichen Vororte entstanden in den Gemarkungen mehrerer alter Bauernschaften: Schwachhausen, Horn-Lehe, Blockland, Vahr und Oberneuland-Rockwinkel. Die Entwicklung verlief nicht einheitlich: Am frühesten erfolgte die städtische Besiedlung in Teilen von Schwachhausen; dort entstanden seit 1878 auch ein großes Krankenhaus, das St. Josephsstift, und seit 1875 der ausgedehnte Riensberger Friedhof mit dem Krematorium (1907). Schwachhausen erhielt bereits 1891 ein Denkmal: den Centaurenbrunnen von E. Gildemeister und August Sommer, Ecke Schwachhauser Heerstraße/Bismarckstraße, der 1958 an den Leibnizplatz in der Neustadt umgesetzt wurde.

Horn-Lehe und die Vahr bekamen erst in den letzten Jahrzehnten dichte Bebauung mit Häusern aller Art, u.a. auch mit großen Wohnblocks, während Oberneuland bereits alte Villen- und Landhausbebauung hatte, auch heute noch aufgelokkerte, durchweg anspruchsvolle Besiedlung aufweist. Auch das Bauernland in Borgfeld wurde immer mehr von Siedlerstellen bzw. Einfamilienhäusern überlagert. Nur das Blockland blieb – abgesehen von dem seit etwa 1970 erschlossenen Universitätsgelände mit benachbartem Gewerbegebiet – als feuchtes Marschland bis jetzt von städtischer Bebauung verschont.

Eine einzige bedeutende Sehenswürdigkeit gibt es in diesem großen Gebiet: das Bremische Museum für Kunst- und Kulturgeschichte (Focke-Museum) auf dem Areal des alten Landhauses Riensberg. Alles andere ist zweitrangig; auch die Kirchen in Horn, Borgfeld und Oberneuland sind ohne größeres kunstgeschichtliches Gewicht. Die Landhäuser in Oberneuland und die Villen in Schwachhausen blieben nur teilweise erhalten; in der Vahr verschwanden sie ganz. Eine neue Synagoge, die 1961 eingeweiht wurde, setzte an der Schwachhauser Heerstraße einen neuen Akzent.

Der Centaurenbrunnen wurde 1891 nahe der Wohnung des Stifters, des Kaufmanns Heinrich August Gildemeister, in der Schwachhauser Heerstraße/Ecke Bismarckstraße aufgestellt. Den Entwurf lieferte der Bildhauer Sommer/Rom. Der Brunnen überlebte den Zweiten Weltkrieg, wurde aber 1958 in die Grünanlagen am Leibnizplatz in der Neustadt versetzt. Foto L. Springer um 1893

In der Schwachhauser Heerstraße entstand 1878/80 das von Franziskanerschwestern betreute St. Josephsstift. Architekt war Heinrich Flügel. Es war zunächst nur für 65 Betten eingerichtet, wurde aber 1900 und 1927 in angepaßtem Stil erweitert und erhielt 1930/31 einen vierstökkigen Erweiterungsbau. Das Krankenhaus wurde im Zweiten Weltkrieg durch Bomben beschädigt, aber wiederhergestellt und 1968 erheblich erweitert. Foto auf einer Ansichtskarte von 1912

Die im August 1945 wiederhergestellte jüdische Gemeinde richtete zunächst in einem Haus am Osterdeich eine Synagoge ein. 1960/61 entstand dann der Neubau einer Synagoge und eines Gemeindezentrums der israelitischen Gemeinde an der Schwachhauser Heerstraße. Foto April 1990

Unten: Im Zweiten Weltkrieg verlor das Focke-Museum im Altenheim an der Großenstraße sein Domizil. Die Sammlungen waren größtenteils ausgelagert gewesen und wurden nach der Rückführung an verschiedenen Orten untergebracht. Das Haus Riensberg war ein Landgut, das auf dem Areal einer alten Burganlage entstanden war. Im 18. Jahrhundert wurde ein geräumiges, aber einfaches Gutshaus erbaut, das von einem Park und Graben umgeben war. Letzter Eigentümer war Margarethe von Post, die das Anwesen 1913 dem Bremer Staat vermachte. Das Haus wurde dann an Privatleute vermietet, schließlich war in ihm eine SS-Dienststelle untergebracht; 1951 wurde es dem Focke-Museum überlassen. Foto vor 1939

Oben: Der Neubau des Focke-Museums, ein flaches modernes Gebäude mit großen Fenstern, wurde von Prof. Heinrich Bartmann/Darmstadt entworfen und 1959/64 gebaut. Er „überzeugte durch noble Einfachheit" und hielt sich gegenüber der „historischen Nachbarschaft" respektvoll zurück. Foto August 1966

Links: Der Blick aus dem neuen Focke-Museum fällt durch große Fenster auf Wasserbecken und Park. Das flache Dach und der starke Lichteinfall erwiesen sich sehr bald als kritische Punkte. Foto August 1966

Auf dem Riensberger Friedhof in Schwachhausen entstand nach dem Entwurf des Bremer Architekten H. W. Behrens 1905/07 das zweite deutsche Krematorium im Stil einer griechischen Tempelanlage, nachdem die ersten Entwürfe von 1902 nicht angenommen worden waren und das ganze Projekt vom Senat abgelehnt worden war. Ansichtskarte 1908

Die St. Pauli-Restauration an der Endstation der Linie 4 in Horn hatte ihren Namen von einer großen Bremer Brauerei. Das Hauptgebäude von etwa 1880 war sehr dekorativ in einen Park eingebettet. Es hatte einen großen Saal mit Bühne, Klubzimmer, Musikpavillon, Veranden, Kegelbahn usw. Das Gebäude wurde im Zweiten Weltkrieg beschädigt, aber als Restauration weiterbetrieben, verfiel jedoch und wurde 1975 abgerissen, um einem Supermarkt mit Parkplatz Raum zu geben. Ansichtskarte um 1900

Die Horner Kirche entstand im 12. Jahrhundert. Das alte romanische Gebäude wurde 1823 abgebrochen. Kupferstich von Schleich nach Gouache von Radl, um 1820

Die neue klassizistisch-schlichte Horner Kirche wurde 1824 eingeweiht. Kupferstich von C. Ermer nach Zeichnung von Messerer 1833

Die Horner Kirche wurde 1894 im Innern zu einer dreischiffigen Halle ausgebaut, hat sich aber sonst im alten Zustand erhalten. Sie ist bis heute von einem Friedhof umgeben. Foto April 1990

Die Horner Mühle wurde 1849 erbaut; ein Brand verursachte 1879 erhebliche Schäden. Seit der Wiederherstellung war die Mühle im Besitz der Familie Kämena. Die Umstellung auf den Betrieb mit Dieselmotor erfolgte 1933; damals wurden die Flügel abgebaut; in den 50er Jahren erhielt die Mühle aber durch Spendenfinanzierung neue Flügel. Foto Losch 1928

Nach jahrelangen heftigen Geburtswehen 1961/71 begann die Bremer Universität ihren Betrieb. Nach und nach entstanden verschachtelte und stilistisch höchst unterschiedliche Baukörper. Der Blick fällt vom Universitätsbad aus auf den Block Geisteswissenschaften II, der vom Mehrzweck-Hochhaus überragt wird. Rechts davon sieht man das Gebäude der Produktionstechnik. Foto April 1990

Der 146 Meter hohe Fallturm des Zentrums für angewandte Raumfahrttechnologie und Mikrogravitation (ZARM), in dem in einer Fallkapsel Schwerelosigkeit erzeugt werden kann, wurde in der Nähe der Universität 1989/90 erbaut. Foto April 1990

In Oberneuland gab es mehrere Landgüter vermögender Bremer, darunter der „Hodenberg", ein adliger Sitz, der 1608 von Bürgermeister Hoyer erworben wurde, dann nacheinander Eigentum mehrerer Familien war. Das Renaissancegebäude von 1609 wurde 1787 durch ein klassizistisches, von einem parkartigen Garten umgebenes Gutshaus ersetzt. Lithographie von F. W. Kohl um 1845

1897 erwarb der Schiffbauer, Reeder und Reiskaufmann Robert Rickmers den Hodenberg und erweiterte das Gutshaus. Das Innere wurde gediegen, fast exotisch ausgestaltet. Im Garten ließ Frau Lily Rickmers, eine ehemalige Schauspielerin, eine Freilichtbühne einrichten. Robert Rickmers starb 1948; seither ist der Hodenberg eine Stiftung, die kulturellen Veranstaltungen und Zusammenkünften dient. Das Bild zeigt das Ehepaar Rickmers in seinem Salon. Foto

Das Kirchspiel Oberneuland wurde am Ende des 12. Jahrhunderts gegründet, die mittelalterliche Kirche 1719 verlängert. Lithographie nach Zeichnung von J. G. Walte

1859/60 entstand nach Plänen von Heinrich Müller durch den Bauunternehmer Kaars in Rockwinkel eine Kirche in neugotischem Stil, die sich bis heute erhalten hat. Sie ist noch von einem Friedhof umgeben. Zeichnung von Christian Grabau um 1865

Die Borgfelder Kirche ist zwar nicht von großer architektonischer Qualität, wahrt aber in ihrer Umgebung den Charakter eines dörflichen Gotteshauses. Von 1701 stammt der Turm, von 1732/33 die Verlängerung des Kirchenschiffs. Das ist der Zustand, den das Bild darstellt. 1869 wurde dann der Turm durch einen Neubau ersetzt, 1896 die Mauer des Schiffs erhöht. Zeichnung von Christian Grabau 1873

Das prunkvollste großbürgerliche „Schloß" Bremens war Kreyenhorst in der Vahr. Architekt war Johann Poppe, Bauherr der Kaufmann Diedrich Daniel Knoop. Das große Gebäude im Stil französischer Renaissanceschlösser entstand 1873/75 und war eine architektonische Glanzleistung. 1888 wurde der Kaufmann Willy Rickmers neuer Eigentümer. Der Schloßpark umfaßte nun 312 Morgen. Nach dem Tod von Rickmers (1891) kaufte der Bremer Staat 1911 einen großen Teil des Anwesens zur Aufsiedlung. Das Schloß aber wurde, weil es in seinen Ausmaßen keine private und öffentliche Nutzung mehr zuließ, 1912 abgerissen – ein bedauernswerter Verlust. Druck nach Foto 1900

Die westlichen Stadtteile von Utbremen bis Burg und Wasserhorst

Bis zur Hafen- und Industrieentwicklung in der zweiten Hälfte des 19. Jahrhunderts hatten alle Orte in diesem Gebiet dörflichen Charakter. Nur Burg nahm vorübergehend, vor allem im 17. und 18. Jahrhundert, als Schanze eine Sonderstellung ein. Erst um 1880 setzte eine schnelle Entwicklung von Hafen- und Industrieanlagen sowie Arbeitervierteln ein, die sich, bis auf den im Bombenkrieg total zerstörten „Bremer Westen", teilweise bis heute erhalten haben. Es gibt noch viele denkmalswürdige Wohnhausreihen; doch ist manches durch radikale Modernisierung gefährdet. Neubaugebiete entwickelten sich nach dem Zweiten Weltkrieg außerhalb der älteren Wohngebiete; nur ein einziges völlig neu geplantes Viertel, der Bremer Westen, entstand auf dem Areal eines zerstörten Wohnviertels aus dem 19. Jahrhundert. Die industrie- und schifffahrtsbezogenen Sehenswürdigkeiten wie etwa die Fabriken auf der Stephanikirchenweide, die Hafenanlagen (seit 1888) oder die AG „Weser" in Gröpelingen (seit 1903) mit ihrem eindrucksvollen Helgen wurden teils verlegt, teils ständig modernisiert, so daß sie, falls sie überhaupt noch bestehen, heute nur bedingt als historische Sehenswürdigkeiten gelten können.

Ältere sehenswerte Gebäude waren die Dorfkirchen, von denen die in Mittelsbüren und Gröpelingen abgebrochen bzw. zerstört wurden. Nur einige Saalkirchen haben sich erhalten: in Walle, Grambke, Wasserhorst (mit einem Turm aus dem 13. Jahrhundert).

Eine Sehenswürdigkeit ist die Trutzburg der Strafanstalt in Oslebshausen. Das Revolutionsehrenmal Hoetgers auf dem Waller Friedhof wurde 1933 abgebrochen; 1972 entstand ein neues Denkmal des Bildhauers Georg Arfmann. Der malerische Wasserturm in der Breslauer Straße wurde durch Bomben beschädigt und nach dem Kriege abgebrochen; das Diakonissenhaus und Kahrwegs Asyl an der Nordstraße wurden zerstört; das „Volkshaus" in der Nordstraße hat sich nur noch als Torso erhalten; die Hoetgerfiguren an der Fassade, die 1933 eingeschmolzen worden waren, wurden neu gegossen.

So haben es denn die rasche ökonomische Entwicklung und die schweren Bombenschäden des Zweiten Weltkrieges mit sich gebracht, daß in den westlichen Vororten aus alter Zeit nicht viel erhalten geblieben ist.

Der erste größere Industriekomplex Bremens entstand auf der Stephanikirchenweide. Seit 1843 entwickelte sich hier vor allem die leistungsfähige Eisengießerei und Maschinenfabrik von Carsten Waltjen; andere Mitglieder der Familie leiteten eine chemische Fabrik, eine Dampfmühle und eine Zündsteinfabrik. Benachbart waren ein Reparaturwerk des Norddeutschen Lloyd, die Janssensche Schiffswerft sowie die Zuckerfabrik und Reismühle der Gebrüder Nielsen. Lithographie und Zeichnung von Carl Hertzog um 1860

Die Michaeliskirche vor dem Doventor wurde 1899 als Ersatz für eine Saalkirche von 1700 durch den Architekten J. Kröger/Berlin erbaut. Sie war ein imposanter neugotischer Bau. Am 16. Dezember 1943 wurde die Kirche durch Bomben getroffen und schwer beschädigt; weitere Schäden erlitt sie am 18./19. August 1944. Die Ruine mit vollkommen erhaltenem Turm wurde 1961 abgerissen und 1965 durch einen schlichten zeltartigen Neubau ersetzt. Zeichnung 1900

Rechts: Eine neue große Kirche des Bremer Westens war St. Wilhadi in der Nordstraße. Der neugotische Bau entstand 1876/78 nach dem Entwurf von Johann Rippe. 1944 wurde er zerstört, nur der Turm blieb noch einige Jahre stehen. Man plante, ihn als Mahnmal stehenzulassen; doch wurde er 1964 abgebrochen. Foto um 1925

Das Volkshaus an der Nordstraße, das Haus der Gewerkschaften, entstand 1926/28. Architekt und Bauleiter war Richard Janssen. Es war ein großer schlichter Klinkerbau mit einem Mittelgiebel, einem Seitenerker und einigen Hoetger-Figuren. Foto 1928

Rechts: Eine der Hoetgerfiguren unterdrückter Menschen: Eine Mutter mit zwei Kindern. Die Plastiken wurden 1933 abgebaut; 1979 stellte der Bremer Bildhauer Manfred Lohrengel die Figuren wieder her. Foto 1928

Das am 18./19. August 1944 durch Bomben beschädigte Volkshaus wurde 1950 wiederhergestellt, wobei man jedoch auf den Mittelgiebel verzichtete. Foto 1966

Kahrwegs Asyl an der Nordstraße, ein Siechenheim, entstand 1880/82 durch die Stiftung des Kaufmanns Ernst Heinrich Kahrweg. Architekt des von einem Garten umgebenen Gebäudes war der Bauinspektor Johann Rippe. Die Anlage wurde 1944 durch Bomben zerstört. Foto um 1885

Das evangelische Diakonissenhaus, ein Krankenhaus an der Nordstraße, war ein gegliederter Backsteinbau, der 1878/80 entstand. Architekt war Wilhelm Below. Zunächst konnte das Krankenhaus nur 30-40 Betten aufnehmen, doch waren es nach mehrfacher Erweiterung bis 1927 immerhin 308 Betten. Die ersten Bomenschäden erlitt das Gebäude schon im Mai 1940; 1944 wurde es total zerstört und nicht wieder aufgebaut. Später war die Diakonissenanstalt im ehemaligen Marinelazarett an der Hemmstraße, dann in einem Neubau in Gröpelingen untergebracht. Foto Cüppers 18. Mai 1940

Oben links: Seit 1924 war Bremen an den Rundfunk-Hauptsender, später „Reichssender" in Hamburg angeschlossen. Die Besprechungsstelle war an wechselnden Orten, seit 1927 in der Stadtwaage (Langenstraße). Im Juni/Oktober 1933 entstand ein 96 Meter hoher Sendemast beim Postamt in Utbremen; er war damals eine vielbeachtete Sehenswürdigkeit und existierte bis zum Zweiten Weltkrieg. Foto 1934

Oben rechts: Rundfunk, Fernsprech- bzw. Funkübertragung und Fernsehen hatten nach dem Zweiten Weltkrieg einen Sendeturm in der Neuenstraße, der dann aber sehr bald überlastet war. So plante man einen 235 Meter hohen Turm auf dem Gelände des Postamts Utbremen, wo bereits 1933/39 ein hölzerner Sendeturm gestanden hatte. Er bekam vier Plattformen für die Parabolantennen, mit denen u.a. das 2. und 3. Fernsehprogramm sowie das Kabelfernsehen bedient werden. Weitere Betriebsanlagen wurden 1984/86 gebaut. Im ganzen beliefen sich die Kosten auf fast 50 Mill. DM. Das Bild zeigt im Vordergrund den Autobahnzubringer Freihäfen. Foto Mai 1990

Die Waller Kirche entstand als Nachfolgerin der alten Michaeliskirche vor dem Ansgariitor 1524; der schlanke Turm wurde 1658 in Erinnerung an den 1645 in Walle verstorbenen Ritter Chr. L. Rasch von Segnitz errichtet, der in schwedischen Diensten gestanden hatte. Eine Steintafel erinnert noch heute an ihn. Das Kirchenschiff wurde 1725/26 zu einem Saal umgebaut. Die Bomben hinterließen 1942 eine Ruine, die aber 1952 wieder zur Kirche ausgebaut wurde. Aquarell von G. E. Papendiek 1832

Links: 1905/06 wurde in der Breslauer Straße (heute Karl-Peters-Straße) ein dekorativer Wasserturm gebaut, der den Leitungsdruck in der westlichen Vorstadt regulieren sollte. Er wurde von der Braunschweiger Dampfkessel- und Gasometerfabrik vorm. A. Wilke & Co. gebaut; die Fassade entwarf der Architekt Wagner. Der Behälter hatte ein Fassungsvermögen von 3000 Kubikmetern. Die Anlage galt als „größter Wasserturm Europas". Er wurde 1944 durch Bomben zerstört; das Gerippe wurde abgetragen, nur das Fundament hat sich erhalten. Ansichtskarte um 1910

Der schloßartige Bau des Gymnasiums am Waller Ring mit dekorativem Mittelteil, Dachreiter und Seitenflügeln entstand 1911/13 als Realschule, die seit 1926 zur Vollanstalt wurde. Das Gebäude erhielt 1943 Bombentreffer, die den Westflügel zerstörten; doch nahm der Wiederaufbau Rücksicht auf die ursprüngliche Form. Nur ein Turnhallenanbau auf der Rückseite fällt aus dem Rahmen. Foto Heinrich Klüglein 1939

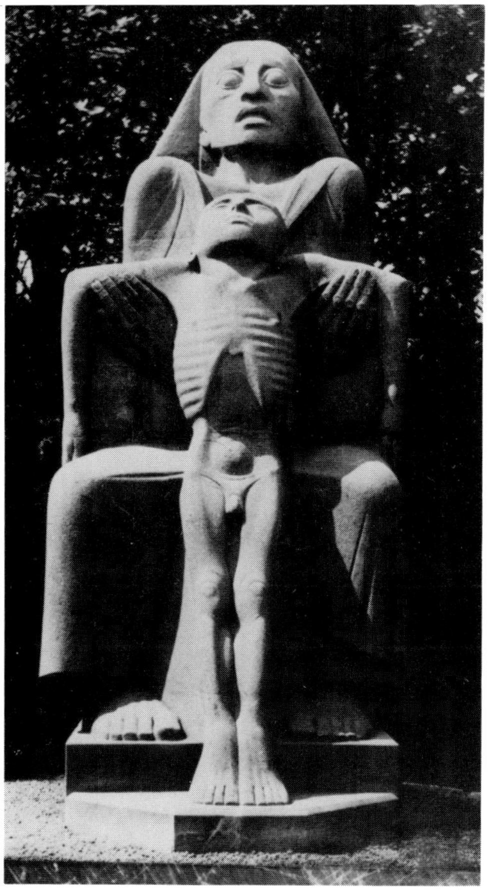

Links: Das Denkmal für die gefallenen Kämpfer der Räterepublik von 1919, von denen 30 auf dem Waller Friedhof beerdigt wurden, stammte von Bernhard Hoetger und wurde am 19. Juni 1922 eingeweiht. Es stellte eine Mutter mit ihrem toten Sohn dar. Das eindrucksvolle Monument wurde im Sommer 1933 zerstört; das am 6. Februar 1972 eingeweihte neue Denkmal von Georg Arfmann ist abstrakt gehalten. Foto 1922

Unten: Im Rahmen der Weserkorrektion und der Industrialisierung des Bremer Westens entstanden auch die Freihäfen, deren erstes Becken 1888 eingeweiht wurde. Das Bild zeigt den Hafen I (Europahafen) vom Hafenhaus aus. Im Vordergrund sieht man die Landebrücke für Personendampfer. Ansichtskarte 1905

Da die aus der Waltjenschen Maschinenfabrik hervorgegangene Werft der AG „Weser" sich auf der Stephanikirchenweide nicht entwickeln konnte, wurde sie 1903/05 nach Gröpelingen verlegt. Damals entstand auch das große Verwaltungsgebäude, das in malerischem Gegensatz zur alten Gröpelinger Dorfkirche stand, die in Teilen frühgotisch war, aber im 18. Jahrhundert ein neues Schiff erhielt; sie wurde durch Bomben zerstört. Foto 1933

Rechts oben: Im Innern hatte die Gröpelinger Kirche eine flach gedeckte Halle des 18. Jahrhunderts und einen frühgotischen Chor, dessen Ausmalung mit Aposteln und dem Jüngsten Gericht 1906/07 entdeckt wurde. Die Kirche wurde im Zweiten Weltkrieg zerstört. Foto um 1930

Die AG „Weser" war schon vor dem Ersten Weltkrieg eine leistungsfähige Großwerft mit einem eindrucksvollen Helgen. Das Bild zeigt die Einfahrt zum Dockhafen, im Hintergrund die Werft. Foto Losch 1935

Das größte Ereignis in der Geschichte der AG „Weser" war der Stapellauf des Lloyddampfers „Bremen" am 16. August 1928 in Gegenwart des Reichspräsidenten von Hindenburg. Die Werft erlitt schwere Bombenschäden, wurde aber wieder aufgebaut und fiel 1983 der allgemeinen Schiffbaukrise zum Opfer. Foto 16. August 1928

Die Getreideverkehrsanlage wurde 1916 in Betrieb genommen und 1919 durch einen zweiten Pier ergänzt. Sie wurde seither immer wieder erweitert und modernisiert, hat auch den Zweiten Weltkrieg einigermaßen überstanden. Foto 1931

Die Norddeutsche Hütte in Oslebshausen verhüttete in ihren drei Hochöfen vor allem schwedisches Eisenerz mit Ruhrkohle, die auf dem Wasserweg transportiert wurden, und war mit einem Zementwerk verbunden. Die Hütte entstand 1906 im Zusammenhang mit der Entwicklung der Industriehäfen. Die Anlage wurde von Bomben schwer getroffen. Der Betrieb, vor allem die Zementproduktion, wurde aber in begrenztem Umfang wieder aufgenommen; 1947 erfolgte der Reparationsabbau für Frankreich und Indien, nur die Koksöfen wurden ausgenommen. 1954 überließ die Firma Fried. Krupp die Anlagen mit der Gasproduktion der Firma Klöckner. Foto um 1938

Mit dem Erwerb der Norddeutschen Hütte durch Klöckner begann die Entwicklung der großen Industrieanlage dieses Konzerns in Oslebshausen/Mittelsbüren. Nach dem Abriß des Dorfes Mittelsbüren erfolgte seit 1957 der Ausbau des Werkes. Foto März 1973

Die Strafanstalt in Oslebshausen wurde 1871/74 nach den Plänen der Architekten Schröder und Rippe erbaut, später aber erweitert. Die Bauten wurden damals nach dem Einzelzellensystem eingerichtet. Das Bild zeigt den neugotischen Torbau. Foto um 1900

Das Dorf Grambke, das später in den Industrie- und Wohnbereich der Stadt Bremen einbezogen wurde, gehörte zunächst zum Kirchspiel Burg, erhielt aber 1687 eine schlichte Fachwerkkirche; 1722 wurde eine Saalkirche mit einem Dachreiter gebaut. Aquarell vor 1864

Die Grambker Kirche erhielt 1864 einen gotisierenden Turm. Zeichnung von Christian Grabau 1872

Das Schiff der Grambker Kirche erhielt 1842 Emporen, war zunächst flach gedeckt und bekam 1897 ein Tonnengewölbe. Die Kanzel und der Taufstein von 1632 standen zunächst in der Kirche zu Burg, die 1654 zerstört wurde. Foto um 1930

Die Moorlose Kirche in Mittelsbüren liegt recht malerisch am Weserdeich. Turm und Schiff stammten aus dem 13. Jahrhundert, der Chor aus der Zeit um 1350. Kreidezeichnung von Joh. Friedr. Jacobsen 1845

Die alte Moorlose Kirche wurde 1845 abgerissen und bis 1847 durch einen neugotischen Bau des Architekten Eggers ersetzt. Lithographie von F. W. Kohl nach 1847

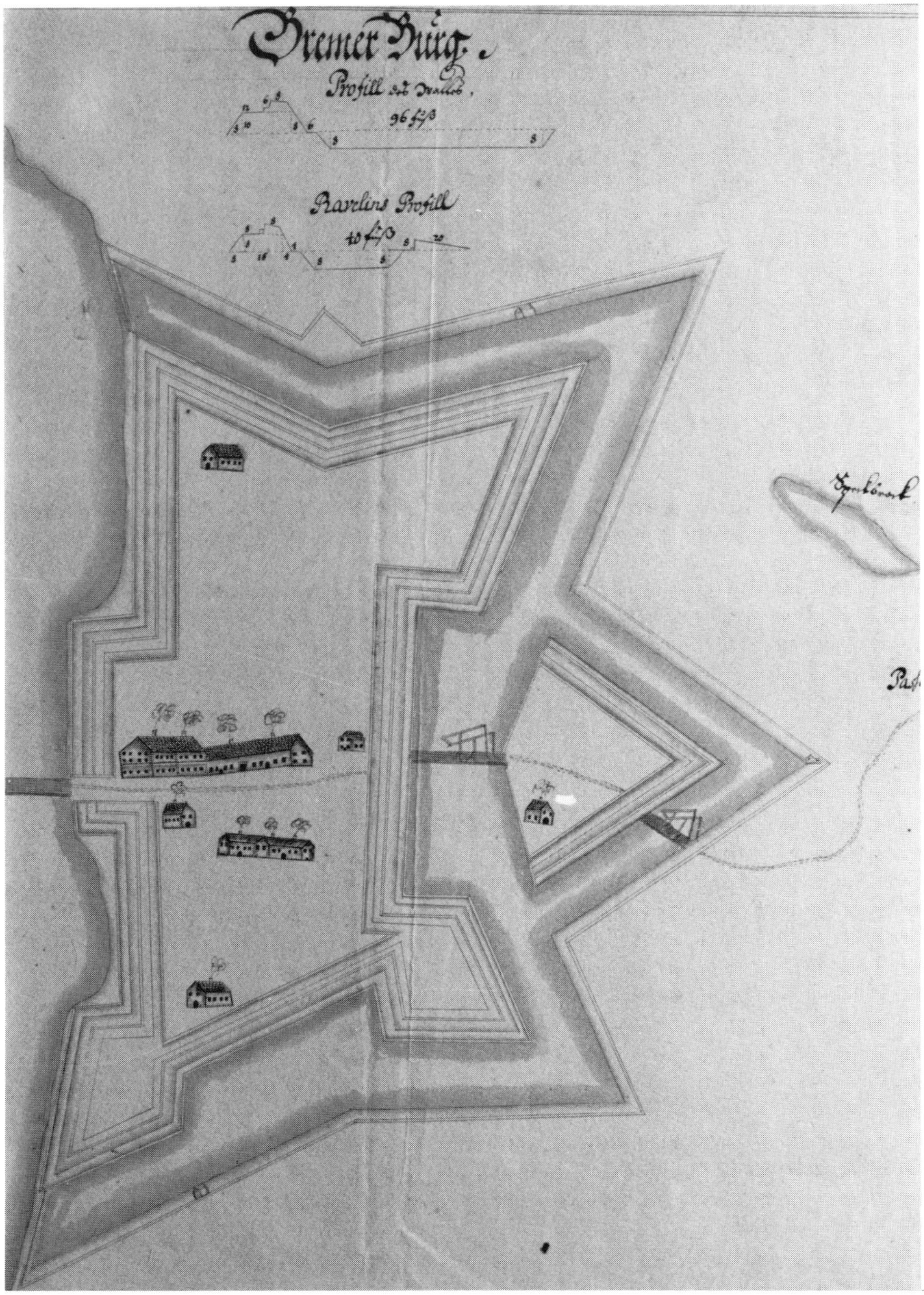

In Burg gab es seit dem Mittelalter einen befestigten Brückenkopf, der dann besonders während des 30jährigen Krieges mit Bastionen und einem Ravelin ausgestattet wurde. Vor allem 1654 war die Burg zwischen den Bremern und Schweden hart umkämpft. Der Plan zeigt den Zustand in der Mitte des 18. Jahrhunderts. Kolorierte Zeichnung in Kopenhagen.

Die Kirche zu Wasserhorst im Blockland hat einen romanischen Turm aus dem 13. Jahrhundert und ein Kirchenschiff, das 1743 seine heutige Form erhielt. Im Turm befindet sich eine Glocke von 1474. Foto um 1910

Seit dem 14. Jahrhundert überquerte bei Burg eine Brücke die Lesum; sie war zunächst aus Holz. Die dekorative eiserne Bogenbrücke mit Portalen, die mit dem preußischen Adler und dem Bremer Schlüssel geschmückt waren, wurde 1892/93 von Preußen und Bremen erbaut. Ausschnitt aus einer Ansichtskarte von 1898

Die südlichen Stadtteile

Außerhalb der „alten Neustadt" gab es links der Weser eine Reihe von alten Dörfern, von denen die meisten in der durch Deiche geschützten, aber doch immer durch Hochwasser gefährdeten Marsch lagen; nur Huchting entstand auf der Vorgeest. Am frühesten quoll die städtische Entwicklung am Buntentorsteinweg (Industrien, Zigarrenmacher) und in Woltmershausen (Gaswerk, Sicherheitshafen, Woltmershauser Kanal, Arbeiterstraßen) über Wall und Graben der Neustadt hinaus. Am Ende des 19. Jahrhunderts war aber auch die Entwicklung der Südervorstadt in vollem Gange. Dabei handelte es sich nicht nur um Wohnhausbebauung, sondern auch um die Entwicklung von Industrien (Silberwaren, Maschinenbau usw.). Im Neuenlander Feld entstanden dann im Anfang des 20. Jahrhunderts der Flugplatz und die Focke-Wulf-Werke. Hier und da wurden am südlichen Außenrand Parzellengebiete eingerichtet. Noch lange erhielt sich der dörfliche Charakter in Arsten und Habenhausen, Grolland und Huchting, Lankenau, Seehausen, Hasenbüren und Strom. Der Stadtwerder wurde teilweise vom Wasserwerk, von Sportplätzen und Parzellen besetzt, blieb aber hier und da als Viehweide erhalten.

Nach dem Zweiten Weltkrieg wurden dann weite Gebiete für Wohnungen, Gewerbe, Industrie und Häfen erschlossen. Der Bau der Neustädter Häfen mit Containeranlage verdrängte seit 1960 das Dorf Lankenau sowie Teile von Rablinghausen und Seehausen; in Seehausen gaben dann seit 1966 die Faultürme des Klärwerks der ländlichen Umgebung einen ganz neuen Akzent. Nur in Strom und dem verbliebenen Rest von Seehausen/Hasenbüren hat sich der ländliche Charakter weitgehend erhalten.

Bescheidene Sehenswürdigkeiten sind in diesem großen Gebiet verstreut. Die Türme der Außenbefestigung Bremens – der Arster Turm, der Katten- und der Warturm – haben sich nicht erhalten; am Warturm steht nur noch das alte Zolleinnehmerhaus. Das malerische Landgut Grolland wurde 1965 abgebrochen. Von den Dorfkirchen haben die in Arsten, Rablinghausen und Seehausen ihren alten Charakter einigermaßen bewahrt; in Huchting wurde die romanische Kirche 1878 durch einen qualitätvollen neugotischen Backsteinbau ersetzt. Überall in den neuen Siedlungsgebieten entstanden neue Kirchen und Schulen, die nicht zu Sehenswürdigkeiten wurden; Sehenswürdigkeiten sind aber weiterhin der Flughafen und neuerdings der moderne Neustädter Hafen.

Der Warturm mit der Ochtumbrücke, dahinter das erhalten gebliebene Zolleinnehmerhaus von 1577, das „Storchennest" genannt. Der Turm wurde 1803 abgebrochen. Lithographie von 1822

Rechts: Das Zolleinnehmerhaus am Warturm von 1577 („Storchennest"), in dem sich heute eine Gastwirtschaft befindet, davor die Ochtumbrücke, die in dieser Form bis 1903 bestand. Foto Eisinger um 1900

Die von J. G. Poppe entworfene „Wasserkunst" auf dem Stadtwerder war ein monumentales Gebäude von 1873, dessen Schornsteine als Ecktürmchen ausgestaltet waren. Abgesehen von einigen Bombenschäden überstand sie den Zweiten Weltkrieg. Foto um 1900

Der „Krähenberg" war ein Hirtenhaus, das seit dem Anfang des 16. Jahrhunderts genannt wurde. Im Anfang dieses Jahrhunderts wurde dort eine Gastwirtschaft eingerichtet. Foto Otto Röhling um 1900

Blick vom Osterdeich auf den Stadtwerder mit der Wasserkunst, die inzwischen ihre Ecktürmchen verloren hat. Foto August 1989

Die ersten Flugversuche am Rande des Neuenlander Feldes sind für 1908 überliefert. Für die Flugzeuge wurden um 1910 einige Schuppen gebaut. 1909 entstand ein Bremer Verein für Luftfahrt, der 1914 zum Prinz-Heinrich-Flug eine größere Halle baute. Foto um 1912

1919 plante man die Einrichtung eines „Flughafens", der dann 1920 eingeweiht und von mehreren Luftfahrtgesellschaften genutzt wurde. 1937 wurde das Rollfeld erweitert und ein neues Flughafenverwaltungsgebäude eingeweiht. Foto 1938

Luftangriffe verursachten schwere Schäden; dann wurde der Flughafen wiederhergestellt und von den US-Streitkräften genutzt. 1949 erfolgte die Rückgabe. Nun entstanden zahlreiche neue Gebäude; die Rollbahn wurde 1990 verlängert, nachdem das Ochtumbett verlegt worden war.1993 wurde eine neue Abfertigungshalle in Betrieb genommen. Foto Mai 1990

In einem Bauernhaus in Habenhausen schlossen Bremen und Schweden 1666 einen Frieden. Die „Schwedenscheune" wurde 1938 wegen Baufälligkeit abgerissen. Foto vor 1938

Die Arster Kirche wurde im 13. Jahrhundert gebaut; 1899 erhielt das Schiff größere Spitzbogenfenster und Strebepfeiler. Aquarell von Johann Friedrich Jacobsen 1854

An der Arster Kirche befindet sich einer der schönsten Grabsteine Bremens, der des Ritters Arp Hermeling vom Gut Hemm, gest. 1589, und seiner Gemahlin Anna geb. Nahgeiß, gest. 1610. Der Stein lag bis 1927 in der Kirche bei der Kanzel und ist daher im unteren Teil stark abgetreten. Foto 1968

Unten: Das Herrenhaus des Gutes Grolland war ein schlichter Fachwerkbau des 18. Jahrhunderts und im Innern gediegen ausgestattet. Foto 1899

Das Gut Grolland war durch einen Graben befestigt, ging im 17. Jahrhundert an bremische Bürger über und war seit dem 18. Jahrhundert ein Fideikommiß mit vielen Anteilseignern. Das Gutshaus diente 1795 während eines Manövers französischer Emigrantengruppen dem Grafen von Artois und späteren König Karl X. von Frankreich als Quartier. Das Gebäude wurde 1965 abgebrochen. Foto 1899

Die alte romanische Dorfkirche von Huchting stammte aus dem 13. Jahrhundert; das Schiff wurde im gotischen Stil erneuert, 1644 wurden rechteckige Fenster eingesetzt; im Innern entstanden Emporen. Doch war die Kirche im 19. Jahrhundert für die wachsende Gemeinde zu klein. Da sie auch baufällig war, wurde sie 1878 abgerissen. Radierung von Gerhard Friedrich Stöver um 1825

Die neugotische Kirche von Huchting wurde 1878/79 von den Architekten Gildemeister und Deetjen erbaut. Sie hat sich bis heute erhalten. Foto 1973

Woltmershausen war ein altes Dorf, wurde aber in der 2. Hälfte des 19. Jahrhunderts industrialisiert; es entstanden viele Arbeiterstraßen. Größte Fabrik war das Gaswerk von 1898/1901. Besonders imposant waren die Gasbehälter, die aber wegen der Erdgasversorgung nicht mehr benötigt und abgerissen wurden. Links der Turm des Verwaltungsgebäudes, der sich bis heute erhalten hat. Ansichtskarte 1905

Unten: Die Rablinghauser Kirche entstand 1748/50 nach dem Vorbild von St. Pauli in der Neustadt. Sie hat einen Dachreiter und ist von einem malerischen Friedhof umgeben. Im Zweiten Weltkrieg erlitt die Kirche erhebliche Bombenschäden, wurde aber wiederhergestellt. Aquarell von Jacobsen 1859

Oben: Der „Neustädter Hafen" war lange geplant und wurde seit 1960 verwirklicht; dadurch verschwand das Dorf Lankenau. Der neue Hafen hat bisher ein einziges breites Becken mit Vorhafen und Wendebecken; hinter der Kaje liegen Schuppen und ein Container Terminal. Die Eisenbahnversorgung geht über den Bahnhof Rablinghausen, der Anschluß an die alte Oldenburger Bahn hat. Foto

Die Kirche von Seehausen hat einen romanischen Kern, doch wurden Turm und Schiff mehrfach verändert; 1889 wurden die Gewölbe beseitigt, um die Mauern zu erhöhen. Die auf dem Bild zu sehenden Dachgauben und der Schornstein haben sich nicht erhalten. Foto Dreyer & Menzel um 1900

Bremen-Nord von Lesum bis Farge

Die bremischen Stadtteile nördlich der Lesum bis Farge kamen bis auf den alt-bremischen Hafenort Vegesack erst 1939 zur Stadt Bremen. Früher gab es dort mehrere hannoversche, dann preußische Dörfer; in einige von ihnen drang in der zweiten Hälfte des 19. Jahrhunderts Industrie mit den zugehörigen Arbeitersiedlungen ein, zunächst in Farge (Steingutfabrik „Witteburg"), dann vor allem in Blumenthal (Wollkämmerei), Vegesack (Werften) und Grohn-Lesum (Spinnerei-, Steingut- und Tauwerkfabriken). Andererseits ließen hier vor allem am Steilufer der Lesum vermögende Bremer zahlreiche Villen bauen, die von Parks und Gärten umgeben waren, so daß sehr unterschiedliche Regionen entstanden: Industrien mit Arbeitersiedlungen, ein kleinbürgerlich-städtischer Mittelpunkt (Vegesack), Parklandschaften, die man als „Bremer Schweiz" bezeichnete und dörflich gebliebene Gebiete.

Alte Sehenswürdigkeiten hatten zwar nur geringe Überlebenschancen; es hat sich aber doch einiges erhalten, was einen Besuch lohnt: Die Lesumer Kirche mit ihrem romanischen Turm und einem Schiff von 1778 beeindruckt durch die exponierte Lage auf dem hohen Flußufer; in Blumenthal geben der Turm der alten und das große neugotische Gebäude der neuen Kirche ein reizvolles Ensemble; Vegesack hat eine eigenartige klassizistische Kirche von 1819/21, während der Hafen seinen malerischen Reiz weitgehend verloren hat. Sehenswürdigkeiten sind auch das „Schloß" Schönebeck der Herren von der Borch aus dem 17./18. Jahrhundert, in dem sich heute ein stimmungsvolles Heimatmuseum befindet; das wiederhergestellte Amtshaus in Blumenthal aus dem 16./17. Jahrhundert mit seinen bemalten Balkendecken wurde in den letzten Jahren restauriert. Die Werft- und Industrieanlagen von Lesum bis Blumenthal sowie der riesige ehemalige U-Bootbunker bei Farge dürften kaum fremde Besucher anziehen. Von den architektonisch bedeutenden Villen des 19. Jahrhunderts haben sich einige erhalten, die ihre besondere Qualität durch die Einbettung in die Landschaft bekommen. Die bedeutendste von ihnen, das 1871 erbaute Schloß Mühlenthal des Industriellen und Kaufmanns Baron Ludwig Knoop wurde freilich 1933 abgebrochen, während sich das 1864 im Tudorstil erbaute „Schloß" des Reeders D.H. Wätjen zwischen Vegesack und Blumenthal im wesentlichen erhalten hat.

Die Lesumer Kirche liegt auf dem hohen Geestufer und beherrscht die Umgebung. Der Turm entstand um 1200, der Helm 1736; 1778 erhielt die Kirche durch den Baumeister Johann Dircks aus Bremen ein neues Schiff, wobei die alten Mauern teilweise übernommen wurden. 1963 wurde das Innere umgestaltet. Detail auf einer Ansichtskarte von 1902

Rechts: Der Lesumer Kirchhof besitzt bis heute viele alte Grabsteine. Auch im Innern der Kirche gab es früher große Grabplatten, die heute an der Turmwand befestigt sind, darunter die des Segebade Clüver, gest. 1602, und seiner Frau Anna geb. von der Hude, 1544-1606. Clüver stammte aus Clüversborstel und wohnte in Heilshorn und Wellen; er war offenbar ein streitsüchtiger Mann, der manchen Prozeß führte und 1589 den Bruder seiner Frau erschoß. Foto 1969

Zum Gut Mühlenthal gehörte zunächst nur ein kleines Landhaus, das 1860 Ludwig Knoop erwarb, der in der russischen Textilindustrie reich geworden war; dieser ließ durch den Bremer Architekten Gustav Runge ein großes „Schloß" im Tudor-Stil bauen; es war von ausgedehnten Parkanlagen umgeben. 1933 wurde das Schloß abgerissen, das Gelände fiel 1936 an die Gemeinde Lesum, wurde z.T. bebaut, ein großer Teil aber 1939 für „Knoops Park" bereitgestellt. Druck nach Foto um 1880

Nachdem das zweite Haus Seefahrt in der Lützower Straße 1944 ausgebrannt war, entstand 1950/55 in Grohn am Oeversberg ein drittes Haus Seefahrt. Das erhalten gebliebene Barockportal kam zunächst 1950 zum Gut Riensberg (Focke-Museum) und wurde 1955 zum Haus Seefahrt in Grohn umgesetzt. Foto 1955

Links: Das Schloß Schönebeck entstand auf einem adligen Gut; es wurde vermutlich um 1650 von Wilken von Schönebeck errichtet. Das Gut wurde 1682 vom Obristen Friedrich von der Borch auf Holzhausen (Westfalen) erworben; das Schloß Schönebeck wurde am Ende des 18. Jahrhunderts verpachtet und verkam, bildete aber mit der Wassermühle ein malerisches Ensemble. Lithographie um 1900

1952 erwarb die Stadt Bremen das Schloß Schönebeck. Es wurde gründlich renoviert und 1972 dem Heimatmuseum Schloß Schönebeck, dessen Sammlungen vorher (seit 1935) im Vegesacker Logenhaus untergebracht gewesen waren, übergeben. Foto Oktober 1989

Das hohe Ufer bei Vegesack war früher recht romantisch. Das Bild zeigt rechts das Haus Windeck des Kaufmanns und Reeders Johannes Tidemann, das 1847 in der Form einer Rheinburg erbaut wurde. Später diente das Gebäude als Kindergarten. Im Hintergrund sieht man das Ufer bei Vegesack. Lithographie und Zeichnung von W. Heuer um 1860

Links: Vegesack wurde erst 1817 eine eigenständige Kirchengemeinde. 1821 wurde die schlichte klassizistische Kirche, die nach dem Entwurf des Maurermeisters Friedrich Wendt erbaut worden war, eingeweiht. Bereits 1832 wurde sie nach den Plänen des Bremer Architekten Jacob Ephraim Polzin erweitert, umgebaut und mit einem Turm versehen. Die Kirche hat sich bis heute erhalten. Foto um 1930

Unten: Das Innere der Kirche von Vegesack geht überwiegend auf den Umbau Polzins von 1832 zurück. Die Kanzel über dem Altar stammt aus der Kirche von 1821; Emporen erhöhen die Zahl der Sitzplätze auf 735, die Orgel erhielt einen klassizistischen Prospekt. Foto um 1900

Der Bremer Hafen von Vegesack wurde 1619/23 gebaut, 1645/48 errichtete man das „Havenhaus“. Es hatte einen Giebel und ein Querhaus. 1781 erfolgte ein größerer Umbau zum Amts- und Gästehaus. Das Bild zeigt rechts dieses Havenhaus und den hölzernen Kai, in der Mitte die enge Einfahrt. Lithographie nach Zeichnung von Borchel um 1860

Rechts: Der Hafen von Vegesack wurde nur in begrenztem Umfang modernisiert. Das Bild zeigt einen Blick in das Hafenbecken. Im Hintergrund liegt der Bahnhof. Ansichtskarte um 1900

Unten: Das Bild zeigt einen Blick vom Hafenhaus über den Vegesacker Hafen auf die Lürssenwerft. Foto 1950

Am Aumunder Ufer entstand die große Werft des „Bremer Vulkan". Sie entwickelte sich aus der Werft von Johann Lange in Vegesack, die die ersten Dampfschiffe auf der Weser baute. Die Werft wurde 1893 zur Aktiengesellschaft „Bremer Vulkan" umgewandelt; sie übernahm 1895 die Ulrichssche Werft im Aumunder Fährgrund, während der Vegesacker Betrieb aufgegeben wurde. Ansichtskarte von 1910

Eins der großen Landhäuser ließ sich der Bremer Reeder D. H. Wätjen in Blumenthal durch den Architekten Heinrich Müller erbauen. Das Gebäude im Stil der Tudor-Gotik war von einem großen Park umgeben und im Innern reich ausgestattet. Während des Ersten Weltkrieges war hier ein Reservelazarett untergebracht, und 1916 kauften die Bremer Wollkämmerei und der Bremer Vulkan den Besitz. Im Zweiten Weltkrieg ging das Dach mit zwei Zwerchgiebeln verloren. Foto um 1895

Das Schloß Blumenthal war zunächst ein Adelssitz, gehörte aber seit dem 15. Jahrhundert mit dem Amt der Stadt Bremen. Die Amtmänner statteten es offenbar rechts anspruchsvoll aus; das zeigen die in den letzten Jahren wieder hergestellten Deckenmalereien des 16./17. Jahrhunderts. Kupferstich von Wilhelm Dilich 1602

Reste des Hauses Blomendal haben sich erhalten und wurden in den letzten Jahren gesichert. Im Innern befinden sich zwei Säle mit Deckenmalereien sowie eine heimatkundliche Sammlung. Das Gebäude liegt malerisch in einer Gartenanlage. Foto September 1989

Die Blumenthaler Kirche war ein kleiner einschiffiger Bau; sie bekam 1604 anstelle des alten Chors einen gedrungenen Turm, der sich bis heute erhalten hat. Das Schiff wurde 1707 erweitert, aber 1732 abgebrochen und durch einen Saalbau ersetzt, der 1879 abgerissen wurde. Kupferstich nach einer Zeichnung von Radl um 1822

1874/75 finanzierte der Reeder Wätjen den Bau einer neuen Blumenthaler Kirche, wofür er den Pfarrgarten und eine Weide für die Erweiterung seines Schloßparks erhielt. Von der alten Kirche blieb nur der Turm stehen; er ist seit 1933 ein Ehrenmal für die Gefallenen des Ersten Weltkrieges. Architekt der neuen Kirche war Johannes Vollmer/Lichterfelde, Baumeister Bernhard Lohmeier in Blumenthal. Alter Kirchturm und neue Kirche bieten ein malerisches Ensemble. Ansichtskarte von 1904

Der Hof Burgwall lag möglicherweise in der Nähe einer alten Befestigung; hier saß bis 1847 eine Familie, die sich Burgwall nannte. Eigentümer war dann die Familie Krudorp, die den Hof 1883 an den Reeder und Kaufmann Thyen verkaufte, der hier in einer Parkanlage ein schloßartiges Gebäude errichten ließ. 1936 erwarb die Gemeinde Blumenthal das Anwesen; im „Schloß" wurde eine Gaststätte eingerichtet („Landhaus Burgwall"). Später diente es verschiedenen Zwecken. Es brannte 1962 ab und wurde abgebrochen. Ansichtskarte von 1910

Am alten Blumenthaler Kirchturm befindet sich ein Stein mit den Wappen der vier Bremer Bürgermeister von 1604 zur Erinnerung an den Turmbau: Johann Esich, Heinrich Zobel, Daniel von Büren und Heinrich Houken. Foto September 1990

Eines der größten bremischen Industriewerke ist die „Bremer Wollkämmerei" in Blumenthal, die 1884 gegründet wurde. Das Unternehmen expandierte sehr schnell und beschäftigte u.a. zahlreiche Arbeiterinnen und Arbeiter aus den Ostgebieten. Bis 1910 stieg die Zahl der Arbeiter auf über 3000. Das Unternehmen überstand alle Krisen und erlitt im Zweiten Weltkrieg nur geringe Schäden. Ansichtskarte von 1914

Oben: Eine der ältesten Industrieanlagen nördlich der Lesum war die Steingutfabrik Witteburg in Farge, die 1852/53 mit bremischem Kapital von Engländern eingerichtet wurde. Es wurde eine Fülle von Gebrauchsgeschirr hergestellt; 1910 gab es 470 Beschäftigte, dann aber verschlechterte sich die Lage, und 1918 erfolgte eine Angliederung an die Norddeutsche Steingutfabrik in Grohn. Der Betrieb wurde 1953 stillgelegt. Die Ansichtskarte von 1897 zeigt außer der Witteburg: Das Postamt in Farge, eine Straßenansicht in Rekum und die Kirche von Neuenkirchen

Eine makabre „Sehenswürdigkeit" bei Farge ist der riesige U-Bootbunker „Valentin", der unter großem Aufgebot von Menschen und Material am Ende des Zweiten Weltkriegs gebaut wurde. Die Decke von 3,60 Meter Eisenbeton erwies sich gegen amerikanische Spezialbomben als verwundbar; daher wurde die Stärke der Decke verdoppelt. Der Bunker hat sich bis heute erhalten. Foto 1945